贵州出版集团有限公司出版专项资金资助

乡村振兴与农村产业发展丛书

坝区农业产业发展实用指南

何腾兵　高珍冉 ◎ 主编

贵州出版集团
贵州人民出版社

图书在版编目（CIP）数据

坝区农业产业发展实用指南 / 何腾兵, 高珍冉主编
. —— 贵阳 : 贵州人民出版社, 2021.12
（乡村振兴与农村产业发展丛书）
ISBN 978-7-221-16846-7

Ⅰ.①坝… Ⅱ.①何… ②高… Ⅲ.①农业产业－产
业发展－贵州－指南 Ⅳ.①F327.73-62

中国版本图书馆CIP数据核字(2021)第233405号

坝区农业产业发展实用指南
BAQUNONGYE CHANYE FAZHAN SHIYONG ZHINAN
何腾兵　高珍冉　主编

出 版 人	王　旭	
责 任 编 辑	杨　悦	
封 面 设 计	谢安东	
出 版 发 行	贵州出版集团　贵州人民出版社	
社　　　址	贵州省贵阳市观山湖区会展东路SOHO办公区A座	
邮　　　编	550081	
印　　　刷	贵州新华印务有限责任公司	
规　　　格	890mm×1240mm　1/32	
字　　　数	140千字	
印　　　张	6.5	
版　　　次	2021年12月第1版	
印　　　次	2021年12月第1次印刷	
书　　　号	ISBN 978-7-221-16846-7	
定　　　价	29.00元	

《乡村振兴与农村产业发展丛书》编委会

《坝区农业发展实用指南》编委会

主　　编：何腾兵　高珍冉

副　主　编：吴文旋　张明生

编　　委：（按姓氏拼音排列）

成剑波　付天岭　高珍冉　何腾兵

何冠谛　李相楹　田光亮　吴文旋

文吉昌　张明生　张　涛　赵庆霞

张　旺

前　言

　　党的十八大以来，以习近平同志为核心的党中央把脱贫攻坚摆在治国理政的突出位置，组织实施了人类历史上规模最大、力度最强、惠及人口最多的脱贫攻坚战，完成了消除绝对贫困的艰巨任务，创造了彪炳史册的人间奇迹。贵州作为全国脱贫攻坚主战场之一，得到了习近平总书记的亲切关心和特殊关怀。贵州各族干部群众在贵州省委、省政府的团结带领下，牢记嘱托、感恩奋进，向绝对贫困发起总攻，66个贫困县全部摘帽，923万贫困人口全部脱贫，减贫人数、易地扶贫搬迁人数均为全国之最，在国家脱贫攻坚成效考核中连续5年为"好"，在贵州大地上书写了中国减贫奇迹的精彩篇章。经过这场感天动地的脱贫攻坚大战，贵州经济社会发展实现历史性跨越，山乡面貌发生历史性巨变，农村产业取得历史性突破，群众精神风貌实现历史性转变，基层基础得到历史性巩固，实现了贵州大地的"千年之变"。

　　贵州是中国唯一没有平原支撑的省份，93%的土地由丘陵和山地构成，难以开展规模化农业生产，因地制宜发展特色农业成为必然。"十三五"期间，贵州省委、省政府围绕农业供给侧结构性改革，聚力发展现代山地特色高效农业，创新性地成立了农村产业发展工作专班和专家团队，主抓茶叶、蔬菜、辣椒、食用菌、水果、中药材、生猪、牛羊、生态家禽、生态渔业、刺梨、特色林业等 12 个农业特色优势产业。贵州现代山地特色高效农业发展取得明显进展，12 个农业特色优势产业持续壮大，其中，茶叶、辣椒、李子、刺梨、蓝莓种植（栽培）规模位列全国第一，猕猴桃、薏仁、太子参等产业规模进入全国前三；蔬菜、食用菌、火龙果等产业规模进入全国第一梯队；农民增收渠道持续拓宽，农产品精深加工快速推进，农村创新创业热火朝天。贵州大学积极响应省委、省政府号召，发挥自身专业特长，成立 12 个农业特色优势产业专班，为贵州 12 大特色优势产业提供强有力的科技支撑，为贵州取得脱贫攻坚全面胜利做出了突出贡献。

脱贫摘帽不是终点，而是新生活、新奋斗的起点。实现巩固拓展脱贫攻坚成果同乡村振兴有效衔接、推进乡村全面振兴是"十四五"期间农村工作特别是脱贫地区农村工作的重点任务。2021 年 2 月，习近平总书记视察贵州时提出，贵州要在新时代西部大开发上闯新路，在乡村振兴上开新局，在实施数字经济战略上抢新机，在生态文明建设上出新绩。这是习近平总书记为贵州下一步发展所作的战略部署。

乡村振兴是包括产业振兴、人才振兴、文化振兴、生态振兴、组织振兴在内的全面振兴，其中产业振兴是乡村振兴的基础和关键。"十四五"时期，贵州省委、省政府坚持以高质量发展统揽全局，巩固拓展脱贫攻坚成果，全面推进乡村振兴。实施乡村振兴战略的总目标是农业农村现代化。农业现代化的关键是农业科技现代化。

我国正由农业大国向农业强国迈进，必须牢牢掌握农业科技发展的主动权，大力发展农业科技，赋能农业现代化和高质量发展。乡村产业振兴使贵州农业发展方式实现根本性转变，开启了贵州农业农村现代化的新征程。

高质量推进乡村产业振兴，重在因地制宜、突出特色、精准规划。为响应党中央和贵州省委、省政府的号召和部署，加快推进贵州农业现代化和进一步做大做强农业特色优势产业，我们编写了《乡村振兴与农村产业发展丛书》，通过对农村产业进行精准定位，具体分析各产业发展的人口、人文、气候、地理、自然资源、传统优势、政策扶持、市场等因素，发掘产业发展的独特优势，构建现代产业结构和体系，积极为贵州农业高质量发展贡献力量，为建设现代山地特色高效农业强省提供行动指南。

该套丛书具有很强的科学性、系统性、知识性和可读性，并突出其实用性和指导性。既有理论论述，又有实践经验，既有政策分析，又有路径方法，可学可用，对广大农业科技工作者，全省各级干部、大专院校师生等具有重要参考价值。

编者

2021 年 12 月

坝区农业产业发展实用指南

目录

第一章

坝区产业引领农业高质量发展

　　贵州省是全国唯一没有平原支撑的省份，素有"八山一水一分田"之说。坡度小于6度、连片面积超过500亩的种植土地大坝是全省最宝贵的农业资源，是农业高质量发展的聚宝盆，是全省百姓致富的希望田。

　　耕地是农业生产的基本要素，坝区地势平坦、耕作条件相对优越，是贵州省农业产业规模化发展的根本所在，是打赢脱贫攻坚战、实现农村全面小康的重要支撑，也是乡村振兴的主战场、主阵地、主平台。"来一场振兴农村经济的深刻的产业革命"，是贵州决战脱贫攻坚、决胜同步小康的重大举措。2018年，贵州省委、省政府作出重大决策部署，以习近平新时代中国特色社会主义思想为指导，认真贯彻中央和省委农村工作会议精神，全面落实农村产业发展"八要素"和"五步工作法"，深入推进农村产业革命，启动500亩以上坝区建设和农业结构调整。

　　以500亩以上坝区为突破口，将坝区农业产业结构调整作为深入推进农村产业革命的重要抓手，深入推进农村产业革命，坝区农业综合实力迈上新台阶，农业结构调整实现重大突破，农民生活水平明显改善，为按时打赢脱贫攻坚战、推动经济社会持续较快健康发展发挥了重要作用，为在新阶段推进农业现代化、推动乡村振兴打下了坚实基础。

一、发展坝区产业的重要意义

坝区是贵州农业最宝贵的资源，是农业产业结构调整的主战场、主阵地，坝区产业发展的效果直接关系到"三农"工作的成效。坝区农业生产基础条件好，在更快发展农业产业、更多吸纳贫困群众就业、更好带动群众增收致富方面具备有利条件。加快坝区产业发展，对于巩固脱贫攻坚成果，具有非常重要的意义。

坝区产业发展，是乡村振兴的重要突破口。贵州山地多平地少，土地资源破碎分散，能进行规模化利用的地块有限。坝区在规模化、标准化发展农业产业方面条件优越、优势明显，是发展农业产业条件最好的区域。在推进农村产业革命之前，坝区普遍存在品种规模小、农民户自为战、产业收益低的问题。省委、省政府作出推进农村产业革命决策部署后，坝区农业产业结构调整首当其冲，解决了坝区过去什么都有、什么都不上规模的问题，是加快农业现代化的重要途径。

坝区产业发展，是实施乡村振兴战略的重要抓手。乡村振兴，产业兴旺是重点，生活富裕是根本。坝区能够带领农民致富，是产业振兴的重要组成部分。与其他地区相比，坝区最有条件实现振兴、率先振兴、引领振兴。坝区农业产业结构调整抓好了，能够带动一大批坝区周边的村庄率先实现"产业兴旺、生态宜居、乡风文明、治理有效、生活富裕"的总要求，为全省全面实施乡村振兴战略积累经验、提供示范。

二、发展坝区产业的重要性与必要性

深入推进农村产业革命，对贵州来说是具有革命性意义的重大举措，是打基础、管长远的重大部署，既关系2000多万农民持续增收，也关系农业农村现代化和乡村振兴。坝区建设和农业结构调整是农业供给侧结构改革的重要举措，也是决战决胜全面小康的重要保障。

坝区地理区位优势明显，土地耕作条件好，水源保障能力较强，旱涝保收程度较高，适宜规模化发展现代高效农业。同时，坝区人口较为集中，经济社会发展水平较高，生产配套设施基本齐备，保障能力相对较高，且新型经营主体力量较强，土地流转广泛推进，农业规模化、标准化、集约化和服务社会化显现雏形。因此，瞄准大有可为的坝区，把坝区打造成贵州农村产业革命和结构调整的推进器；先进适用技术集成运用的先导田；规模化、标准化基地建设的样板田；产销衔接紧密、订单全覆盖的先锋队；龙头带动农户广泛参与、利益联结紧密的示范方；优质农产品单品突破、市场占有率高的突破口；是推动农业产业高效发展，破解贵州贫困难题的途径之一。合理利用坝区资源，增加坝区产业综合效益，不仅是推动农业高质量发展的需要，也是深化农村产业革命，发挥坝区巨大示范效应和辐射作用，有效带动周边地区农业产业发展的迫切需求。

（一）解决农业产业现代化瓶颈难题

集中连片土地少，农业产业化集中度低，大量土地资源仍由农户分散经营，这是贵州省农业现代化的最大瓶颈，为突破这一瓶颈，必须推进布局规模化、生产标准化、管理规范化、经营品牌化，提高农业生产经营的组织化程度和市场竞争力，从而开启贵州省农业农村现代化新征程。

（二）精准优化农业产业的资源配置问题

一直以来，农业投资"散、小、乱"，资金整合难、融资难、保险难、人才引进难、技术推广难等问题仍然突出。聚焦坝区农业产业结构调整，可以一改以往农业工作面面俱到、广泛号召部署的工作模式，通过明确每个坝区范围，把产业结构调整抓具体、抓深入，可以打通资本、科技、人才、信息等现代要素进入坝区的通道，实现资源要素聚集，切实为各类经营主体减负，破解政策"撒胡椒面"的状况，培育农业农村发展新动能。

（三）有效破解城市乡村的融合发展问题

乡村振兴首要任务是产业兴旺，深入推进坝区结构调整，可以使贵州省农业由弱势变优势，可以带动农产品加工业、休闲农业、乡村旅游第二、第三产业发展，让农业成为有奔头的产业，让农民成为有吸引力的职业，让农村成为安居乐业的家园，化解目前经济社会发展中的二元体制机制结构和矛盾，破解城乡发展不平衡、不充分的问题。

实践证明，坝区建设和农业结构调整成效斐然，经验深刻，必将让贵州彻底摆脱千百年来"小农经济"的种种弊端，强力破解困扰贵州"三农"发展的瓶颈制约，让贵州农业强起来、农村美起来、农民富起来。可见，着力发展坝区产业，对振兴贵州农村经济、实施农村产业革命、农业质量发展、实现乡村振兴具有重要现实意义。

三、发展坝区产业的总体思路与基本原则

坝区以农业现代化的样板田、科技田、效益田为目标，集中力量推进农业规模化、标准化和集约化建设，提质增效，为贵州振兴农村经济、打赢脱贫攻坚战作出了新贡献，把贵州农村产业革命推向了新高度，坝区也将成为实现乡村振兴的重点战场。

发展坝区产业要坚持以高质量发展统揽全局，以习近平新时代中国特色社会主义思想为指导，贯彻习近平总书记视察贵州重要讲话精神，全面落实省委十二届五次全会、省委十二届六次全会、省委农村工作会议、全省坝区农业产业结构调整工作推进会和全省农业现代化推进大会精神，按照围绕"四新"主攻"四化"的要求，加快推进农业现代化，闯新路、开新局、抢新机、出新绩，奋力推动坝区农业高质量发展，为乡村振兴开新局提供有力支撑。

在新的发展阶段发展坝区产业，要完整、准确、全面贯彻新发展理念，更加注重市场化推动，更加注重提质增效，更加注重发挥农民主体作用，更加注重促进农民增收、促进共同富裕。补短板、强弱项、扬优势，完善农民作为种养主体的利益联结机制，巩固拓展脱贫攻坚成果5年过渡期有效衔接，引导更多社会资本进入坝区产业。以基础设施建设为支撑，以产业提质增效为导向，发展现代

山地特色高效农业，推动坝区农业提质增效，提升坝区农业整体经济效益，将坝区打造成贵州农业高质量发展的"聚宝盆"，辐射带动全省农业转型升级和高质量发展，实现传统农业向农业现代化迈进，助推乡村振兴。

（一）因地制宜，挖掘农业生产潜力

坝区是挖掘农业生产潜力的关键所在，坝区将建设成乡村振兴的重点战场，必须抓住坝区这个主战场、主阵地，不断改善基础设施，优化调整产业结构，培育壮大现代特色农业产业。要坚持因地制宜，综合考虑坝区资源禀赋、劳动力、气候条件、产业基础等因素，科学选择产业和生产经营模式，合理规划基础设施建设内容，着力推动坝区提质增效。以加快坝区农业水利化、机械化、信息化、现代化建设为重点，加强坝区农田水利建设，着力推进坝区农业生产机械化，精准推动坝区信息农业、智慧农业和农村电商发展规模，进一步多角度夯实坝区现代农业基础设施。

（二）惠农增收，创新驱动质量发展

坝区是贵州农村产业升级的主要阵地，是贵州传统农业向现代农业转型升级的"发动机"。是推进农业产业规模化、标准化、集约化，引领农业转型升级，引导资源要素集聚，推动农村一二三产业融合发展和高质量发展的"增长极"，对全面提升贵州农业综合生产能力和效益具有重要意义。一是要以完善现代农业产业体系、生产体系、经营体系为支撑，优化农业产业布局，强化农业科技支撑，培育新型经营主体，加快构建现代农业发展体系；二是要坚持惠农增收，把促进农民持续增收、助推脱贫攻坚和乡村产业振兴作为出发点和落脚点，推进"三变"改革等模式，优化利益联结机制，让坝区发展红利惠及更多农民群众；三是要坚持创新驱动，树立科技兴农、质量兴农、品牌强农意识，加强技术创新和成果转化运用，推广高效种植模式，强化农产品质量安全监管和品牌创建，持续提高土地产出效益，走出一条西部地区一般乡村全面振兴有效之路。

（三）市场导向，产业推动融合发展

通过坝区产业结构调整，让新型经营主体带动小农户发展，可以吸纳更多农村劳动力就地就近就业，拓宽农民的经营性收入、工资性收入和财产性收入，确保农民脱贫和增收。一是要坚持农业产业规模化、标准化、市场化、品牌化发展为目标，继续推动特色优势种植业、生态养殖业、林下经济规模化发展，加快现代农业全产业链标准化，品牌化培育推广，市场化经营主体、合规化基金投资、便捷化银行融资，着力提升现代农业质量效益；二是要坚持市场导向，优先发展比较优势突出、市场需求旺盛、产业发展基础较好的种养业，打造一批有市场影响力的知名品牌，扩宽市场渠道，提高农产品附加值和增收贡献率；三是要坚持融合发展，推进农村一二三产业融合发展，加快构建现代农业产业体系，促进城乡一体化建设，辐射带动农业农村发展，为脱贫攻坚和乡村振兴提供有力支撑。

四、推进坝区农业高质量绿色发展

2020 年，中央 1 号文件指出，"开展乡村全域土地综合整治

试点，优化农村生产、生活、生态空间布局"。进一步围绕"三生"空间优化乡村发展布局，应是坝区现代农业发展的遵循原则。当前，各地积极贯彻省委、省政府的决策部署，要进一步优化坝区的生产、生活和生态的空间布局，统筹发挥坝区的生产功能、生活功能和生态功能，推进坝区农业产业结构调整升级，促进坝区农业高质量绿色发展，聚力发展坝区经济。

（一）调整坝区农业产业结构，全面引领贵州农村产业革命

全省坝区农业产业结构调整工作严格以农业产业发展"八要素"为指导，要将坝区打造成为全省农村产业革命和产业结构调整的"样板田、科技田、效益田"。2020年，所有坝区建成达标坝区，要在产业选择上遵循市场需求、因地制宜、突出单品效益，实施"一坝一策"，全省坝区平均亩产值将达到8500元以上。在组织方式上纵深推进坝区农业产业结构调整，利用制度优势和资源优势不断推进产业发展的标准化、规模化和集约化。在坝区农业基础设施建设上加大投资力度，以适应发展现代农业的需求，提升坝区农业综合生产能力。在利益联结机制上基本实现共享发展的目的，激发坝区农村发展的内生动力和活力。

（二）优化"三生"空间布局，促进区域农业高质量绿色发展

贵州地处西南岩溶山区，坝区既是生产和生活行为最普遍的地区，也是生产和生活行为的主要载体。山区农户通过易地扶贫搬迁到坝区解决生产和生活问题，合理利用坝区耕地资源，有利于坝区周边山区发挥碳汇和涵养水源等生态功能，为坝区生态环境保护和可持续高质量发展提供生态屏障。在坝区农业产业结构调整中，要进一步重视坝区的生产和生活功能，协调发挥坝区周边山地的生态功能，重构优化生产、生活和生态空间布局，促进区域农业高质量绿色发展。

（三）推进"三生"耦合互动，促进坝区生产生活生态协同发展

在坝区范围内的发展行动，必须认识和探究坝区"三生"空间的互动耦合关系，才能保障系列发展行动具有可持续性。生态空间是坝区空间的本底，生态功能的发挥为生产、生活功能的实现提供重要保障。坝区的"三生"空间和功能之间存在着相互促进、相互胁迫的耦合互动关系。当坝区"三生"空间功能之间相互作用加强，尤其是出现坝区生产功能趋强并占据生活、生态功能空间时，就可能出现其他功能衰弱的现象，因此要努力消除坝区"三生"空间功能之间的相互制约，呈现出良性循环耦合平衡，才能使坝区"三生"功能向有序方向发展，形成新的有序结构。

（四）强化"三生"两两耦合，促进坝区农业产业结构调整升级

在坝区农业产业发展和结构调整上要通过推动两两耦合的方式实现坝区生产、生活、生态的整体平衡，才能更好地促进坝区农业产业高效绿色可持续发展。一是强化坝区"生产—生活"功能耦合效应。随着坝区产业结构调整深入推进，坝区基础设施不断完善，基础性功能得以发挥，促进农民收入逐渐提高，进而提高教育、医疗、社会保障等农村公共服务的覆盖率和能力，实现坝区一二三产业的深度融合。二是促进坝区"生产—生态"功能耦合发展。坝区产业结构调整要科学制定坝区人居环境规划，加强坝区农业生产污染物回收与治理，改变传统的农业生产方式，鼓励发展生态、绿色的现代农业，改善和提升坝区"生产—生态"功能耦合度。三是提高坝区"生活—生态"功能的耦合水平。要开展村域生态整全设计，更好地为发展坝区现代农业营造良好的生活环境和自然生态氛围，要大力发展生态高值农业和康养农业，提高"生活—生态"功能的耦合水平，建设富美乡村，农民生活达到全面小康水平。

充分利用坝区资源优势，优化坝区"三生"空间布局，加快现代农业高质量绿色发展，全力打造农业现代化的"样板田、科技田、效益田"，使坝区成为巩固脱贫攻坚成果的重要支撑，成为纵深推进农村产业革命的重要突破口，为实施乡村振兴战略奠定坚实基础[1]。

---

[1] 周恩宇，何腾兵.促进坝区农业高质量绿色发展［N］.贵州日报，2020-04-22(008).

第二章

坝区农业发展概述

第一节 贵州省地理和农业概况

一、区域概况

（一）地理位置及行政区划

贵州省简称"黔"或"贵"，位于我国西南地区东南部，介于东经 103° 36′—109° 35′、北纬 24° 37′—29° 13′之间，东毗湖南、南邻广西、西连云南、北接四川和重庆，东西长约 595 千米，南北相距约 509 千米。

贵州省土地总面积为 176167 平方千米，占全国国土总面积的 1.8%。截至 2021 年 3 月 31 日，贵州省共有 6 个地级市、3 个自治州；10 个县级市、50 个县、11 个自治县、1 个特区、16 个区，共 88 个县级政区；832 个镇、122 个乡、193 个民族乡、362 个街道。

（二）地形地貌

贵州省地貌类型分属于四川盆地南缘山地和云贵高原东部山地，其中，云贵高原东部山地又分为贵州高原溶蚀（主）侵蚀喀斯特山地、黔西南南部侵蚀剥蚀陆源岩山地、黔东南侵蚀剥蚀变质岩山地等几个次级地貌类型区域。在地质历史上，经历了由海到陆地的变迁。寒武纪时期境内还是海洋，从中奥陶纪开始，古海逐渐退出贵州，晚三叠纪时期，地壳逐渐上升，在第四季新构造运动中逐渐形成了云贵高原。

贵州境内地势西高东低，自中部向北、东、南三面倾斜，平均海拔 1100 米左右。境内山脉众多，重峦叠峰，绵延纵横。北部有大娄山，自西向东北斜贯北境，川渝黔要隘娄山关高 1444 米；中南部苗岭横亘，主峰雷公山高 2178 米；东北境有武陵山，由湘蜿蜒入黔，主峰梵净山高 2572 米；西部高耸乌蒙山，属此山脉的赫章县珠市乡韭菜坪海拔 2900.6 米，为贵州境内最高点。而黔东南州的黎平县地坪乡水口河出省界处，海拔 147.8 米，为境内最低点。

贵州高原山地居多，地貌可概括分为高原山地、丘陵和盆地三种基本类型，其中 92.5% 的面积为山地和丘陵，山间坝地仅占全省土地总面积的 7.5%。贵州省喀斯特地貌广泛发育、切割强烈、地表起伏悬殊、多山地，坡度小于 6 度的区域主要分布于黔中地区，四面均广泛分布坡度大于 25 度的山地。

贵州岩溶地貌发育非常典型，喀斯特（出露）面积 109084 平方千米，占全省土地总面积的 61.9%，境内岩溶分布范围广泛，形态类型齐全，地域分异明显，构成一种特殊的岩溶生态系统。

（三）土壤类型

贵州土壤面积共 159100 平方千米，占全省土地总面积的 90.4%，土壤的地带性属中亚热带常绿阔叶林红壤－黄壤地带。中部及东部广大地区为湿润性常绿阔叶林带，以黄壤为主；西南部为偏干性常绿阔叶林带，以红壤为主；西北部为具北亚热成分的常绿阔叶林带，多为黄棕壤。

贵州黄壤面积最大，占总面积的40%，其次是石灰（岩）土，占总面积的24%。黄壤广泛分布于黔中、黔北、黔东和黔西南、黔西北的山原地区；石灰（岩）土主要分布于黔北、黔中、黔南和黔西南区域；此外，还分布有水稻土、红壤、黄棕壤、紫色土、粗骨土、石质土、棕壤和山地草甸土。对于农业生产而言，贵州土壤资源数量明显不足，可用于农、林、牧业的土壤仅占全省总面积的83.7%。

（四）气候气象

贵州省属亚热带湿润季风气候区，由于地处低纬度、高海拔，地形地势复杂，形成了气候的复杂性和多样性。东半部处于全年湿润的东南季风区内，西半部处于无明显干湿季之分的东南季风向干湿分明的西南季风过渡的地带；气候垂直差异大、立体气候明显，有"一山有四季，十里不同天"之说。年日照时数大部分地区为1100—1400小时，由西南向东北减少；年平均气温随着海拔自西向东、北、南三个方向随地势降低而升高，纬向差异不明显。多年平均气温在15℃左右，通常最冷月（1月）平均气温多在3℃至6℃，比同纬度其他地区高；最热月（7月）平均气温一般是22℃至28℃，为典型夏凉地区。有研究以热量条件为指标将全省气候划分为南亚热带、中亚热带、北亚热带暖和温带4个气候带。

贵州省降水较多，雨季明显，年均降水量在1100—1300毫米之间，多年平均降水量为 1191 毫米，长江流域平均为 1134 毫米，珠江流域平均为 1299 毫米，是国内降水量比较丰富的地区，而且也是年变率较小、变化较稳定的地区。从年降水量的分布来看南部多于北部，东部多于西部；山脉的迎风面多，背风面少。中部苗岭东、西两段的迎风坡是两个多雨区，东部范围稍小，主要包括黔南州东部、黔东南州西部，年降水量达 1300—1400 毫米；西部范围较大，主要包括黔西南州大部、六盘水市东部、安顺市西部，年降水量达 1300—1500 毫米。此外，武陵山东南迎风坡的铜仁、江口、松桃是次多雨区，年降水量达 1250—1350 毫米；大娄山北坡的道真、正安及乌蒙山区赫章、威宁等地是省内的少雨区，年降水量只有 850—1050 毫米，其中，赫章的 854.2 毫米为全省最少雨地区。

（五）水文特征

贵州省河流为雨源性河流，处在长江和珠江两大水系上游交错地带，有 69 个县（市、区、特区）属长江防护林保护区范围，是长江、珠江上游地区的重要生态屏障。全省水系顺地势由西部、中部向北、东、南三面分流。由于特定的地理位置和复杂的地形地貌，使贵州的气候和生态条件复杂多样，立体农业特征明显，农业生产的地域性、区域性较强，适宜于进行农业的整体综合开发及特色农业发展。

贵州省河流数量较多，处处川流不息，长度在 10 千米以上的河流有 984 条，全省多年平均径流量为 1040 亿立方米。贵州省河流的山区性特征明显，地表径流主要靠降雨补给，地表径流量的变化分布与降雨量分布趋势一致；大多数河流上游河谷开阔，水流平缓，水量小；中游河谷束放相间，水流湍急；下游河谷深切狭窄，水量大，水力资源丰富。

（六）土地利用现状

根据贵州省 2018 年变更调查数据统计，农用地 147515 平方千米，占全省总面积的 83.7%；建设用地 7124 平方千米，占全省总面积的 4.0%；未利用地 21459 平方千米，占全省总面积的 12.2%。

耕地相对集中区域主要分布于遵义、铜仁西部、毕节中部和西部、贵阳西南部、黔南北部和安顺市坡度较小的丘陵地带。贵州耕地的数量虽维持稳定，但总体自然地理条件相对较差，交通不便、耕地破碎、地块面积小、坡度大、开发成本高、管理难以持续。因此，大力发展 500 亩坝区对提升贵州农业高质量生产发展尤为重要。

贵州省林地植被资源丰富，有维管束植物（不含苔藓植物）269 科、1655 属、6255 种（变种），组成种类繁多，区系成分复杂。植被区系以热带及亚热带性质的地理成分占明显优势，如泛热带分布、热带亚洲分布、旧世界热带分布等地理成分占较大比重；温带性质的地理成分也不同程度存在。由于特殊的地理位置，贵州省林地植被类型多样，既有中国亚热带型的地带性植被常绿阔叶林，又有近热带性质的沟谷季雨林、山地季雨林；既有寒温性亚高山针叶林，又有暖性同地针叶林；既有大面积次生的落叶阔叶林，又有分布极为局限的珍贵落叶林。林地植被在空间分布上又表现出明显的过渡性，相互重叠、错综，植被类型组合复杂多样。林地是贵州省主要的土地利用类型，多分布在黔东南、遵义、黔南等山地丘陵地带，三市（州）的林地面积占全省林地总面积的一半。

草地的区域分布差异明显，60%左右的草地分布在黔南、黔西南和毕节，贵州省的草地多是其他草地，所以多数草地难以利用，草场石漠化严重。

二、农业发展概况

（一）农业生产现状

1. 农林牧渔业增加值

2020年，全年全省农林牧渔业总产值4358.62亿元，比上年增长6.5%。其中，农业总产值2781.80亿元，增长7.7；林业总产值293.66亿元，增长8.2%；畜牧业总产值1019.01亿元，增长2.8%；渔业总产值61.09亿元，增长6.4%。

贵州省2016—2020年农林牧渔业增加值及其增长速度见表1。2016年到2020年，全省农林牧渔业总产值年平均增长6.2%。其中，农业总产值从2016年的1196.50亿元增长到2020年的2781.80亿元，年均增长7.58%；林业总产值从2016年的133.32亿元增长到2020年的293.66亿元，年均增长8.02%；畜牧业总产值从2016年的494.31亿元增长到2020年的1019.01亿元，年均增长2.25%；渔业总产值从2016年的37.68亿元增长到2020年的61.09亿元，年均增长5.12%。

表 1 2016—2020 年农林牧渔业增加值及其增长速度

指标	年份农林牧渔业增加值（亿元）					年份农林牧渔业增加值增长度（％）				
	2016	2017	2018	2019	2020	2016	2017	2018	2019	2020
农业	1196.50	1306.43	1439.29	1566.47	2781.8	6.8	7.1	8	8.3	7.7
林业	133.32	156.73	174.65	182.09	293.66	8.3	7.7	8.1	7.8	8.2
畜牧业	494.31	531.08	507.57	493.12	1019.01	2.9	4.4	4.3	-1.8	2.8
渔业	37.68	38.03	34.51	38.88	61.09	15.6	3.5	-4.5	4.6	6.4
农、林、牧、渔服务业	98.12	107.69	116.72	127.47	203.05	3.7	3.9	5	5.7	5.8
合计	1959.93	2139.97	2272.74	2408.03	4358.62	5.9	6.2	6.7	5.7	6.5

注：2016—2017 年数据为第三次全国农业普查修订数，2018—2019 年数据源于贵州省统计年鉴，2020 年数据为国民经济和社会发展统计公报数。

2. 主要农产品种植面积

2019 年，全年全省粮食种植面积 2709.41 千公顷，比上年增长 -1.12%。全年蔬菜种植面积 1435.60 千公顷，比上年增长 2.47%；全年茶园种植面积 464.42 千公顷，比上年增长 -0.3%；全年果园面积 684.50 千公顷，比上年增长 18.09%。

表2　主要农产品种植面积统计表

指标	年份 农作物播种面积（千公顷）				年份 农作物播种面积增长速度（%）			
	2016	2017	2018	2019	2016	2017	2018	2019
粮食作物	3122.18	3052.78	2740.20	2709.41	0.37	−2.22	−10.24	−1.12
蔬菜	1145.11	1253.11	1401.01	1435.60	9.25	9.43	11.8	2.47
茶园	420.78	456.22	465.81	464.42	4.54	8.42	2.1	−0.3
果园	332.75	406.35	579.62	684.50	8.16	22.12	42.64	18.09

注：2016—2017 年数据为第三次农业普查修正数，2018—2019 年数据源于贵州省统计年鉴。

3. 主要农产品产量

2019 年，粮食总产量 1057.63 万吨，比上年增长 0.6%；蔬菜及食用菌产量 2990.87 万吨，比上年增长 8.56%；茶叶产量 19.78 万吨，比上年增长 1.01%；园林水果产量 478.58 万吨，比上年增长 8.28%。全年全省水产品产量 24.87 万吨，比上年增长 2.1%。其中，养殖水产品产量 24.16 万吨，增长 2.09%。2016—2019 年，全省粮食作物产量年均增长 −3.97%，蔬菜及食用菌产量年均增长 9.29%，肉类总产量年均增长 0.43%，茶叶产量年均增长 −0.14%，水果年均增长 19.76%，水产品年均增长 −0.54%。

表 3 2016—2020 年主要农产品产量及其增长速度

指标	年份 农产品产量（万吨）				年份 农产品产量增长速度（%）			
	2016	2017	2018	2019	2016	2017	2018	2019
粮食作物	1264.26	1242.45	1059.7	1051.24	3.93	-1.76	-17.25	-0.8
蔬菜及食用菌	2033.56	2272.16	2613.4	2734.84	9.15	10.5	13.06	4.44
肉类总产量	199.28	207.57	213.73	205.87	-1.33	3.99	2.88	-3.82
茶叶	14.13	17.65	18.03	19.78	-0.2	-0.25	-0.02	-0.1
水果	235.84	280.14	369.01	441.98	8.74	18.78	31.73	19.78
水产品	24.65	25.48	23.73	24.36	-1.32	3.37	-6.87	2.65

注：2016—2017 年数据为第三次全国农业普查修订数，2018—2019 年数据源于贵州省统计年鉴。

（二）农业农村改革创新发展

2020 年，全省农林牧渔业增加值 2675.59 亿元，比 2019 年增长 6.3%，对全省经济增长的贡献率为 20.3%，拉动经济增长 0.9 个百分点。茶叶、蔬菜、食用菌、中药材、精品水果等产业规模不断扩大，产量整体增长较快，在全国的知名度和影响力逐步提高，在助农增收、脱贫攻坚和乡村振兴中的主导作用日益彰显。

1. 农村产业革命纵深推进

自 2019 年以来，12 个农业特色优势产业迅速壮大，食用菌产业实现裂变式发展，迈入全国食用菌生产第一梯队省份，茶叶种植面积全国第一；辣椒产销全国第一，猕猴桃、火龙果、刺梨等产业名列全国前茅；百香果从无到有，产业规模挤进全国前三，贵州成为全国百香果产销平台重点关注省份；太子参产量占全国需求量 40%，初具全国定价权；蓝莓、李子等单品种植规模排全国第一，特色优势农产品的美誉度、影响力不断提升。2019 年，全省农产品质量安全监督抽检合格率 99.9%，农产品地理标志产品突破 100 个，认证绿色食品累计达到 262 个。认定首批样板坝区 105 个、达标坝区 505 个。

2. 农村集体产权制度改革全面完成

2019 年，农村集体产权制度改革全面展开，全省开展的清产核资单位数为 86352 个，数据上报率达到 100%。组建股份经济合作社 5000 余家。创新推进"农银企产业共同体"，筹集中央、省级财政资金 5.3 亿元用于地方国有企业出资，带动社会资本 7 亿元，撬动银行贷款 18 亿元，新增投资达 30 亿元以上，试点项目覆盖茶叶、蔬菜、食用菌、精品水果、辣椒、生态畜牧等产业，带动 5.2 万农户增收。2020 年，聚焦清产核资、成员认定、股份量化、组建经济组织等关键环节，全省共完成清产核资单位数 81506 个，清查集体土地总面积 2.53 亿亩，经营性资产 234.7 亿元，非经营性资产 752.12 亿元，确认成员身份 3643.06 万人，量化资产总额 528.6 亿元，发放股权证书 893.68 万户，组建股份经济合作社 16759 个。

3. 农村"三变"改革持续深化

2019 年, 推动农村"三变"改革向纵深延伸, 试点村新增 4163 个, 累计达 11404 个, 覆盖率 72.3%, 其中, 贫困试点村 3883 个, 覆盖率 92.1%。96 个县级单位完成农村承包地确权数据 库汇交农业农村部工作。2020 年, 围绕按时高质量打赢脱贫攻坚 战, 建立完善股权合作、资金整合、产业带动等机制, 大力推广"龙 头企业 + 合作社 + 农户"组织方式, 打造新型股份农民, 共享"三 变"改革成果。全省农村"三变"改革试点村 13799 个, 占行政 村总数的 87.5%; 推动 1954.9 万亩集体资源变资产、454.3 亿元资 金变成股金、479.6 万农户变成股东, 带动农民股东户均增加收益 1509 元、人均增加收益 381 元。

4. 农村经营体系不断完善

农村土地制度改革成果得到巩固, "农村土地承包经营权确权 登记颁证信息管理系统""农村产权流转交易信息服务平台"已建 设完成, 承包地管理和服务逐步实现信息化和网络化, 有效推进农 村承包地"三权分置"制度落实。加强农业经营主体培育发展, 龙 头企业不断发展壮大, 农民专业合作社规范提升, 农业社会化服务 组织迅速崛起, 家庭农场蓬勃发展。省级以上龙头企业 1176 家, 创建 2002 个省级农民合作社示范社, 评定 652 个省级以上示范家 庭农场。

第二节　坝区农业概况

一、坝区基本情况

贵州省共有 500 亩以上坝区 1725 个，涉及 86 个县（市、区）、854 个乡镇、4700 个村，涉及县、乡、村的数量分别占全省总数的 97.7%、73.9% 和 35%。坝区最集中的区域在安顺市的平坝、西秀和镇宁一带。

坝区种植土地面积 488.6 万亩，占全省耕地面积的 7.2%，平均每个坝区的种植面积 2832 亩。

从坝区数量看，最多为黔南州 359 个，其次是遵义市 263 个，毕节市 231 个，六盘水市最少仅 64 个。

从坝区种植面积看，最多为安顺市 78.6 万亩，其次是黔南州 75.6 万亩，遵义市 69.8 万亩，六盘水最少仅 7.8 万亩。从坝区平均种植面积看，安顺市整体土地相对较为平整，平均每个坝区达到 7554 亩，是全省坝均面积的 2.66 倍。

二、坝区基础条件

根据坝区交通情况统计表 4，坝区交通区位明显，农业生产条件较好。全省坝区机耕道总长 18154.5 公里，其中，坝区机耕道最长的为遵义市 5132.2 公里，其次是安顺市 2932.2 公里。生产配套设施基本齐备，保障能力相对较高，全省坝区有效灌溉面积总计

269 万亩，总冷库库容达 38.43 万吨，农机拥有总量达 54.43 万台。

表 4　坝区交通情况统计表

市（州）	坝区机耕道总长（公里）	坝区有效灌溉面积（万亩）	坝区总冷库库容（万吨）	坝区农机拥有总量（万台）
贵阳市	1464.8	19.1	1.29	2.91
遵义市	5132.2	41.9	16.11	5
六盘水市	263.7	4.6	1.15	2.31
安顺市	2932.2	47.4	0.8	11.25
毕节市	1058.2	21	1.32	7.36
铜仁市	1230.5	22.5	2.95	3.42
黔西南州	1141.2	23.6	2.77	6.29
黔东南州	2751.5	35.5	10.51	6.05
黔南州	2180.2	53.4	1.53	9.84
合计	18154.5	269	38.43	54.43

　　根据坝区经营统计表 5，坝区市场经营主体力量较强，农民组织化程度较高。坝区拥有县级以上农业龙头企业 1776 个，其中，遵义市县级以上农业龙头企业数量最多 764 个，其次是黔南州 240

个。坝区农民专业合作社总计 8340 个，安顺市的农民专业合作社最多总计 1347 个，其次是铜仁市 1312 个。坝区家庭农场总计 2660 个，遵义市家庭农场最多有 1224 个，其次是黔南州家庭农场有 547 个。坝区土地流转面积（含入股）合计 112.7 万亩。

表 5 坝区经营统计表

市（州）	县级以上农业龙头企业总数量（个）	农民专业合作社总数量（个）	家庭农场总数量（个）	土地流转面积（含入股）（万亩）
贵阳市	80	589	104	4
遵义市	764	876	1224	25.1
六盘水市	29	160	40	3.8
安顺市	78	1347	88	19.4
毕节市	152	1173	19	15.2
铜仁市	202	1312	233	12.7
黔西南州	137	527	10	10.2
黔东南州	94	1272	395	9.8
黔南州	240	1084	547	12.5
合计	1776	8340	2660	112.7

三、坝区建设现状及成效

贵州省坝区设施有效改善、产业优化升级、产值明显提升、效益逐步显现，坝区建设及农业产业结构调整取得了阶段性成果。

（一）打造了农村产业革命的示范田

坝区作为农村产业革命主阵地、主战场的重要作用不断凸显，一大批坝区成为全省农业产业结构调整的示范田、加快农业现代化的先行区。思想观念革命持续深化。坝区干部群众的思想观念加速转变，合作意识、市场意识、经济意识不断增强，推动农业规模化、标准化、集约化发展水平持续提高。2019年，全省坝区土地流转率48%，比上年增长15.5个百分点。坝区的生产力得到较大解放和发展，土地利用效率和土地产出率明显提升，有效激活了农业经济活力。2019年，坝区以全省7.2%的耕地面积创造了全省15%的种植业产值，亩均产值是全省平均水平的2.1倍；全省坝区平均亩产值7500元以上，同比增长30%以上。

（二）建设了优质农产品供给的主阵地

坝区农业产业结构调整取得突出成效，优质农产品的供给能力和供给质量大幅提升。产业结构更加优化。2019年，全省坝区农作物种植面积（含复种）563万亩，其中经济作物318万亩、优质粮油作物224万亩、"稻＋鱼（虾、蟹等）"22万亩。经营主体更加多元。"龙头企业＋合作社＋农户"组织方式得到有效推广，坝区新型经营主体数量明显增加，全省坝区县级以上龙头企业

1377家，合作社4051家，分别比上年增加458家、543家。流通链条更加完备。仓储保鲜、冷链物流、从田间到餐桌全产业链等发展取得积极进展，仓库、冷库、冷链运输车辆等配套保障建设持续加强，坝区的产业链短板加快补齐，农业竞争力不断提高。全年配套完成坝区冷库库容19.8万吨、冷链运输车辆276台，分别比上年增长31%、53%。产品销售更加顺畅。坝区农产品"七进"（进学校、进机关、进军营、进医院、进企业、进社区、进超市）成效明显。东西部扶贫协作、粤港澳大湾区"菜篮子"基地等项目落户坝区，坝区产品品牌加快走出大山、走进省外市场，在"黔货出山"方面成效显著。

（三）提升了助推农民增收致富的贡献度

围绕促进农民增收致富目标，坝区利益联结机制更加完善、带动效应不断增强，推动坝区农民群众获得感、幸福感持续提升。增收效果明显。建立健全多种形式的利益联结机制，坝区农业产业结构调整给农民带来了土地流转、务工就业、入股分红、农家乐经营等收入。2020年坝区农民人均可支配收入13800元，比全省平均水平高出28%以上。规模化发展带来大量就业岗位，帮助坝区农民实现了在家门口就业。2020年新型农业经营主体带动农民238万人，其中贫困人口56万人。

（四）建设经验

坝区农业产业结构调整全面落实产业革命"八要素"，用好"五步工作法"，主要有以下四点经验。一是聚焦建好机制。坚持党政主抓，省、市、县三级都成立了坝区工作领导小组，实行定期调度制度，构建了省级统筹、市州指导、县为主体的工作机制，强化了对坝区农业产业结构调整的组织领导。二是聚焦完善政策。出台支持新型农业经营主体参与坝区农业产业发展的意见和坝区土地保护办法、坝区奖补资金和项目管理办法等政策措施，政策的引导和规范作用不断加强。三是聚焦凝聚合力。坚持抓具体、抓深入，各级领导小组带头履职，省领导小组先后召开六次分析研判会，省级各部门在政策、项目、资金、技术等方面对坝区给予重点支持，搭建坝区信息大数据平台，层层压实责任、层层传导压力，强化了责任担当，形成了强大合力。四是聚焦抓住关键。既全面推进、又重点突破，统筹开展土地流转、土地整治、主体培育、农业保险等重点工作，深化工作创新，开展100个样板坝区和500个达标坝区创建，组织定期调和观摩交流，聚焦农村户，积极开展"聚焦农村产业革命·2019坝上行""秋后坝区传捷报"等系列专题报道，不断提升坝区农业产业结构调整的整体协调性和实效性。

四、坝区产业发展面临的突出问题与不足

坝区作为推进农业农村产业革命的主要抓手、作为发展现代山地特色高效农业的主平台，积极落实产业革命"八要素"支持保障，创新探索"五有五率"等机制和做法，是实现坝区农业产业结构调整有力手段。但坝区土地保护任务十分艰巨，受城镇化等影响，坝区土地占用量将会不断增加。农业综合生产基础较弱，坝区基础设施和配套设施离现代农业发展的要求还有差距，耕地普遍存在"重利用、轻培肥"的现象。农业种植结构有待优化，规模化、

标准化的特色优势农产品生产基地不多。坝区产业发展还存在一些突出问题。

（一）思想认识不到位

对深化农业农村产业革命、助推乡村产业振兴重视不够，理解不透，认识不够深刻；对坝区农业产业结构调整缺乏清晰思路和有力举措，没有把坝区结构调整作为农村产业革命的重要抓手来落实，与当前产业革命推进要求有差距；对逐坝具体发展研判缺乏，在推进土地流转、技术服务、产销衔接、破解融资难等方面工作有待加强。导致部分县在样板坝区和达标坝区创建中多项指标不合格。

（二）产业结构优化有待提高

部分坝区推进"一坝一策"简单粗糙，在适应市场需求、消费变化选择产业和品种上不够精准。有的坝区复种指数和单位面积产出水平有待提高，产值最大化尚未实现。拟创建的达标坝区中仍有部分坝区以种植传统农作物为主，复制指数不高，产业结构不尽合理，产品层次参差不齐，综合效益偏低。产业选择不够聚焦，对资源禀赋和比较优势挖掘利用不够，保持重点产业发展的战略定力不强，坝区轮作复种、种养循环等模式较为单一，尚未形成区域化布局、规模化生产的整体格局。主导产业不突出，对资源禀赋和市场定位不够明晰，产业规模化、标准化、集约化程度不高，部分坝区产业散乱杂，主导产业不明显。

（三）基础设施建设及管理机制滞后

坝区土地流转率总体偏低，田间道路、排灌设施等农田建设力度还不大。统筹力度不够、投入不足，企业融资渠道不畅，长效管护机制不健全等，造成基础设施配套水平滞后，农业保险覆盖率低，保障能力较差。造成部分坝区土地流转和土地整治进展较慢，田间道路、灌溉沟渠等设施不完善，坝区温室大棚、喷滴灌、产品初加工、冷库等不能满足产业发展需要。

（四）新型经营主体不强

有的坝区经营主体总体处于小、散、弱的状况，龙头企业不多，带动能力有限，抵抗自然灾害和市场风险能力弱，合作社生产经营管理不规范，组织农民、服务农民的能力偏弱。坝区有实力的龙头企业不多，组织化程度不高，带动农户特别是贫困农户增收模式较为单一，没有形成联结紧密的利益分配和风险共担机制。有的坝区农业保险覆盖面不广、保险力度不大，人财物等投入不足，缓解企业融资难、融资贵的办法不多等。

（五）产销对接不精准

谋划产销衔接着力不多，推进产销衔接办法不活，在创新营销机制、打造知名品牌、开拓外销市场等方面还有差距。部分坝区以简单的基地务工、土地租赁或固定分红为联结模式，农户特别是贫困户参与产业发展程度不深、受益有限。坝区农产品市场化、商品化处于初级阶段，先进种养模式推广不够，全产业链发展机制不活，品牌农业发展滞后，产销衔接力度较弱，产业提质增效路径不宽。有的坝区农产品产业链条短，农产品精深加工、市场营销短板突出，品牌培育、市场营销和宣传力度不够，尚未形成稳定的目标市场。

（六）科技支撑能力弱

劳动力素质不高、先进适用技术推广不力、与科研院校合作不多，技术服务还不到位，农业科研成果和实用技术转化率低。仓储物流、市场信息等配套基础设施不完善，尚未形成规模化布局、标准化生产、产业化经营的现代农业产业体系。有的坝区技术研究推广力度不大，有的干部和技术人员主动学习意识不强，开展技术指导和服务不精准，不能及时跟上产业发展需要。

第三章

坝区发展理论

聚焦农田建设，提高耕地潜力

　　"八山一水一分田"的贵州，耕地地块零碎分散，能进行规模化利用的地块有限，农业产业化程度较低、基础薄弱。因 500 亩以上坝区耕地坡度小和集中连片，是贵州省农业产业规模化发展的根本所在。将坝区建设成田块平整、土壤肥沃、排灌方便、道路通畅、生态良好、宜于农机耕作的高标准耕地，将是坝区农业高质量绿色发展，提高耕地潜力的基础。本节将从坝区农田基础设施建设和坝区耕地质量保护与提升两方面分析提高坝区耕地潜力的途径与办法。

一、坝区建设要求

（一）坝区建设基础条件

　　坝区分布在道路通达、土层深厚、集中连片、排灌基础好、坡度小于 6 度的相对集中连片的耕地和园地，优先选择已经规模化流转的地块。500 亩以上坝区为坡度小于 6 度、面积超过 500 亩的集中连片的耕地和园地。

（二）坝区建设要求

500 亩以上坝区具有便利的交通区位、较好的生产配套设施和具有潜力的市场经营主体。坝区田（土）块布局与沟渠、道路、周边景观及村庄的布局相协调，有利于完善土地承包经营权和多种形式的适度规模经营。贵州省坝区建设分为样板坝区和达标坝区，建设要求主要有：有效灌溉率、田间道路通达度、土地流转（入股）率、新型经营主体覆盖率、良种良法覆盖率、农作物绿色防控覆盖率、主要农作物政策性保险参保比例、平均亩产值等八项指标，完成情况具体要求如表 6 所示。

表 6　样板坝区和达标坝区创建指标

类　别	指　　标	样板坝区	达标坝区
基础设施	有效灌溉率（％）	90	80
	田间道路通达度（％）	95	90
组织生产	土地流转（入股）率（％）	90	60
	新型经营主体覆盖率（％）	95	85
科技服务	良种良法覆盖率（％）	100	100
	农作物绿色防控覆盖率（％）	80	60
综合效益	主要农作物参保比例（％）	80	60
	平均亩产值（元）	12000	8000

有效灌溉率：指有效灌溉面积占坝区总面积的比率。有效灌溉面积是指坝区已配备有灌溉工程或设备并且能够进行正常灌溉的坝区种植土地的面积之和。

田间道路通达度：指集中连片田块中，田间道路（包括机耕道、生产道）直接通达的田块数占田块总数的比率。

土地流转（入股）率：指土地使用权通过流转、入股、订单生产、反租倒包等形式进行生产经营的面积占坝区种植土地面积的比率。

新型经营主体覆盖率：指新型农业经营主体通过流转土地、"三变"入股、订单生产等形式发展产业所覆盖的面积占坝区种植土地面积的比率。

良种良法覆盖率：指实施良种良法的面积占坝区种植作物总面积的比率。

农作物绿化防控覆盖率：指采用绿色防控措施（利用天敌、杀虫灯、性诱剂、以虫制虫、以草制草等病虫害绿色防控技术）的面积占坝区作物种植总面积的比率。

主要农作物参保比例：指参加政策性保险、特色农业保险的面积占坝区作物种植总面积的比率。

平均亩产值：指单位土地面积在年度内产出的农产品价值总量，根据农产品产量和产地出售价格进行测算。

二、坝区农田基础设施建设

贵州独特的山地资源属性，决定了贵州农业的希望在"山"、致富在"山"、出路在"山"。

如何发挥特色山地农业资源的优势，把劣势变为优势，促进山区现代农业的可持续发展，实现区域产业振兴已成为当前贵州迫切急需解决的关键性问题。根据贵州独特的区域资源、气候和产业基础等条件，因地制宜地推进山区特色农业产业改革，通过发展优势农业产业与林下经济相结合等措施，取得了良好的经济效益和社会效益。但受山区农业生产条件差、科技水平总体实力不强、人才结构不合理等方面的影响，导致目前贵州农业产业发展普遍存在种植规模小、地块空间分布零碎分散，农业产业化发展后劲不足，优质农产品"规模化、精细化、品牌化和标准化"有待提高。基于此，贵州省提出"十百千"农业产业示范工程，以产业兴旺带动乡村振兴。选取坝区集中连片区域，开展农业产业化试点，形成以点带面、协同推进的农业产业经济空间溢出效应。将坝区打造成为全省农村产业革命和产业结构调整的"样板田、科技田、效益田"，带动乡村产业振兴。

（一）坝区农田基础设施建设的重要意义

贵州地形崎岖不平，山多地少产能低土地破碎分散，可规模化、标注化利用的耕地地块有限，农业产业基础薄弱。500亩以上坝区种植土地地形坡度小、集中连片，是贵州省最宝贵的农业资源和产业结构调整的龙头抓手。与山地相比，坝区居住人口相对集中、土地耕作条件好，且交通区位优势，生产配套设施较齐备，是贵州山区耕地资源中的珍宝，对于保障粮食安全和蔬菜供应具有无法替代的重要作用，是贵州打赢脱贫攻坚战的重大战略部署，是实现共同富裕的重要保障。

20世纪80年代实行家庭联产承包责任制后，土地划分到每家每户，坝区耕地被许多田坎分隔，土地小块而分散。因此，尽管坝区耕地很大，却被众多的田坎分隔，形成大面积的零碎土地，不能进行规模化和标准化经营。如何充分利用小块的平地资源，让产业上规模、稳得住、有效益？

土地整合，变分散耕种为规模经营。如何整合土地，成了首要问题。平整田块，是坝区高标准农田建设的第一步，既去除了过多的田埂、闲置边角，让耕地面积得到有效增加。同时通过加强交通、水利及高标准农田配套设施建设，把分散的地块连接在一起，形成相对集中的规模化基地。自2018年以来，贵州省加快500亩以上坝区农业产业结构调整。围绕稳产、优供、增效的目标，聚焦农田建设，加大坝区农业基础设施建设力度，建成一批高产稳产、田块平整、土壤肥沃、排灌方便、道路通畅、生态良好、宜于农机耕作的坝区耕地，夯实现代农业发展基础，将贵州农村产业革命推向了一个新高度。贵州坝区农业，是农村产业升级的主要载体。田成块、路成网、地平整、渠相通，一个个规范化的现代种养坝区、诉说着变化、孕育着希望。

（二）坝区农田基础设施建设的发展目标

按照《贵州省500亩以上大坝农田建设工程技术指南》的要求，实行技术标准"一把尺"。坝区农业基础设施建设围绕稳产、优供和增效的目标，坚持"按需设计和填平补齐"的原则，推动加快建成一批高产稳产、田块平整、土壤肥沃、排灌方便、道路通畅、生态良好、宜于机械化耕作的坝区耕地。坝区农田基础设施建设，是推动农村经济发展、促进农业和农村现代化的重要措施之一。全省500亩以上坝区农田建设，要以习近平新时代中国特色社会主义思想为指导，深入学习贯彻习近平总书记关于"三农"工作重要论述，把握"八要素"用活"五步工作法"。提升农业综合生产能力，增加耕地面积，提高耕地质量，助推规模化种植、标准化生产、产业化经营，将坝区培育成贵州省农业现代化的样板田、科技田、效益田。加快推动坝区农业规模化、标准化发展。辐射带动全省农业高质量发展，发挥坝区在农村产业革命中的龙头引领和示范带动作用。

（三）坝区农田基础建设的原则

坚持因地制宜，综合考虑坝区资源禀赋、劳动力、气候条件、产业基础等因素，合理规划坝区农田基础建设内容。围绕坝区产业发展的需要，补齐耕地的基础设施以及配套设施，开展坝区土地平整、土壤改良、灌溉排水、田间道路、宜机化等建设。按照"少硬化、慎砍树、不填塘、禁挖山"的要求，坚持以政府引导、企业主体、市场导向、农民自愿，大力支持新型农业经营主体发展，充分利用土地优势，以畅通骨干灌排渠系为基础，协调推进土地平整、灌排沟渠、田间道路、农田林网与生态环境保护等设施建设。

（四）坝区农田基础设施建设内容

坝区农田基础设施建设主要内容：因地制宜进行土地平整、农田水利建设、田间道路建设、农产品流通重点设施建设等基础设施和配套设施建设，提高坝区水电路、仓储物流、市场信息等支撑条件。加强现代农业设施建设，完善产地初加工、产地市场、冷链物流等配套设施。加强建后管护，明晰农田水利设施权属和维护管理责任。

（1）土地平整工程

土地平整工程是指地块土方的挖填平整工程。土地平整后的坝区满足现代农业和机械化耕作要求，增加有效耕地面积，提高坝区耕地质量和综合生产能力。

（2）灌溉与排水工程

灌溉与排水工程主要为输配水渠（管）道、泵站及渠系建筑物的新建和改建。软管浇灌、喷（微）灌、滴灌等高效节水灌溉技术的推广。使坝区排涝标准至少满足5年一遇以上，灌溉保证率至少满足80%以上，显著提高灌溉水利用系数。建设耕地防涝抗旱设施、灌排沟渠及机井、节水灌溉、小型集雨蓄水等基础设施，实现渠成网、沟相连。建设耕地输配电设施，解决提水灌溉、小型机械收割、秸秆粉碎还田等用电问题。

（3）田间道路工程

田间道路工程主要指提高农机作业便捷度。即新建和改建田间道、生产路，配套建设农机下地块坡道、桥涵等附属设施。使田间道路通达地块数达90%以上，基本满足农机作业、农业物资运输等生产活动要求。

（4）农田防护和生态工程

农田防护和生态工程针对水土流失易发坝区，通过合理布设和修建农田林网工程，修筑岸坡防护、坡面防护和沟道治理等设施，使农田防护和水土流失得到全面改善，农田防洪标准须达到防御洪水要求，受防护耕地面积达到90%以上。

（5）输配电工程

输配电工程是铺设高压和低压输电线路，配套建设变配电设施，完善泵站、冷链以及信息化工程等供电设施。

（6）市场冷链等产业配套设施工程

市场冷链等产业配套设施工程是新建和改建分级包装、预冷仓储、初级加工和冷链运输等产地集配中心，建设标准按《农产品产地集配中心建设规范》（SB/T 10870.1-2012）执行。

2. 坝区机械化建设

推广山地新型农机在坝区的引进示范，实行机耕、机播、机管和机收的全程机械化作业。推进智能化装备技术集成应用，推动资金、技术、组织保障等要素向坝区集聚，实现坝区工作"一盘棋"。

（五）坝区农田基础建设面临的问题及解决办法

坝区农田基础建设面临的问题主要是土地流转难度大、基础设施建设资金不足、农田基础设施维护不到位等。

1. 土地流转

在基础设施建设上，土地流转作为推进坝区产业结构调整的前提基础和工作中心。通过土地集中流转，开展集中整治，完善配套基础设施，保障坝区产业规模经营、标准化生产。

（1）存在困难

土地是农民生活的基本保障，加上传统农耕文化深远的影响，致使农民恋土情节严重，对土地有很强的依赖性，认为自己拥有土地才能保证生存。个别农民将土地视作"保命田"，导致土地无法整片流转。其原因主要是担心土地流转后，自己的生活无法保障。近几年，我国社会保障体系日渐成熟，但是有些山区农户的最低生活保障还不能完全有效实施，导致农户不敢轻易进行土地流转。另外，部分农民并不了解"土地流转""规模经营"的概念和内涵，担心"上当受骗"而不愿意转让土地。因此，如何整合土地，成了首要问题。

（2）解决途径

政府要做深做细做实群众工作，通过建立紧密的利益联结机制，保障群众收入，计算"三本"账（土地边界账、生产成本账、增收账），消除群众顾虑，让群众自愿把土地流转出来，参与坝区产业结构调整，把小农户引入现代农业发展轨道。

2. 基础设施建设资金

（1）存在困难

一方面，坝区基础设施建设点多、面广、量大，坝区农田基础建设的资金来源比较单一，导致基础设施建设资金依然薄弱。另一方面，坝区基础设施建设项目资金投入效益低，收益返还周期长，也导致新型农业经营主体不愿意投入，变相加重了资金的匮乏。

（2）解决途径

政府加强对农业产业化经营龙头企业的融资担保支持，鼓励集体固定资产和财政资金量化入股，广泛开展股份合作经营。整合相关涉农资金用于坝区建设，建立多元化、多渠道的投融资机制，吸引金融资金、社会资金投入坝区基础设施建设发展。通过市场化管理理念，制定合理的投入和收益体系，让投资坝区基础设施的社会资金得到合理的收益，进而引导和吸收社会资金投资坝区基础设施建设。建立"政府主导、群众参与、社会支持"的基础设施建设资金投入模式。

贵州省委、省政府采取有力举措，大力支持新型农业经营主体推进500亩以上坝区农业产业发展。为支持新型农业经营主体推进坝区农业产业发展，省人民政府办公厅2019年印发《关于支持新型农业经营主体推进500亩以上坝区农业产业发展的意见》（黔府办发〔2019〕4号），明确对在全省坡度小于6度、面积500亩以上的坝区开展规模化发展、标准化生产、产业化经营的新型农业经营主体给予产值奖补、基础设施建设奖补等措施。为帮助新型农业经营主体解决基础设施建设项目筹资困难的问题，2020年初，省财政厅会同省农业农村厅下达《关于做好500亩以上坝区基础设施建设奖补工作的通知》（黔财农〔2020〕2号），根据申报奖补金额，提前下达50%基础设施建设奖补资金，剩余部分待验收合格并达到绩效目标要求后再行下达。2020年，全省坝区产值奖补资金3亿元、基础设施建设奖补资金2亿元。完成审批坝区基础设施建设奖补项目171个，完成坝区土地整治55万亩，建设田间道路2万千米、排灌沟渠1.9万千米、设施大棚9.2万亩、冷库库容39.8万立方米。

3.农田基础设施维护

（1）存在困难

当前我国很多农田缺乏基础的维护措施，虽然表面上工程建设完工后，由建设单位将项目整体移交给项目乡镇或村社，各种管护内容也以书面形式加以明确，但由于产权、责任不明确，致使管护制度执行不到位，缺乏有效跟踪督查，导致了基础设施缺乏合理的管理，降低了基础设施的使用质量。另外，贵州省坝区农业基础设施大多数都是户外的基础设施，水旱灾害频发，极端气候不断，在日常使用过程中不仅会因为多次使用而产生磨损的情况，而且还会因为季节天气的变化而产生一些风化，大大缩短了相关设施的使用寿命，也限制了基础设施的正常运行，不能保证坝区农田基础设施长期发挥效益。

（2）解决途径

坝区农田基础设施的维护是建设高标准农田的一个重要的基础手段，也是建设高标准农田的关键。为加强贵州省500亩以上坝区农田基础设施建设项目工程管护工作，省农业农村厅印发《贵州省500亩以上坝区农田基础设施管护实施细则（试行）》（黔农发〔2019〕14号）明确规定坝区农田基础设施管护主体为实施项目的新型农业经营主体，坝区农田基础设施建设项目工程由新型农业经营主体组织实施并使用，按照"建管并重""谁受益，谁管护""谁使用、谁管护"等原则进行工程管护。提高了地方各级特别是县级农业农村部门的高度重视，强化了项目工程管护的组织管理、协调指导和检查监督工作，落实了管护主体和责任，多渠道筹措管护经费。确保建成一亩、管好一亩，保证农田基础设施正常运转并长期发挥效益。

三、坝区耕地质量保护与提升

耕地是我国最为宝贵的资源。我国人多地少的基本国情，决定了我们必须把关系十几亿人吃饭大事的耕地保护好，绝不能有闪失。2015 年中央 1 号文件提出"实施耕地质量保护与提升行动"。《中共中央国务院关于加快推进生态文明建设的意见》也要求"强化农田生态保护，实施耕地质量保护与提升行动，加大退化、污染、损毁农田改良和修复力度，加强耕地质量调查监测与评价"。2015 年 10 月 28 日农业部印发《耕地质量保护与提升行动方案》。因此，开展耕地质量保护与提升行动具有划时代的重要性和紧迫性。

（一）坝区耕地质量保护与提升的重要意义

坝区耕地质量提升是指耕地化学投入品的规范化和标准化使用，农业废弃物的无害化处理和资源化利用，从而增强坝区耕地的可持续生产能力，提高资源利用率和劳动生产率的过程。因此，通过坝区耕地质量保护与提升，保障全省粮食生产安全、农产品质量安全和农业生态环境安全，对促进农业增产、农民增收和促进农业可持续发展具有重要的现实意义。

1. 耕地质量保护与提升是确保粮食等重要农产品质量安全的重要基础

耕地土壤环境是粮食安全和农产品质量安全的源头保障，关系人民群众身体健康。耕地作为"粮食安全之本、农业发展之源"，耕地的规模和质量直接决定了农业的产业结构和产出。保护提升耕地质量是确保粮食安全的有效途径。一方面，"人多地少"是我国的一个基本矛盾。在贵州，山地和丘陵面积占全省土地面积的92.5%，500亩以上的1725个坝区仅占全省耕地面积的7.2%。因此，扩大坝区耕地规模的空间有限，靠扩大耕地面积增加粮食产量不可行。另一方面，近年来，我国的耕地质量呈下降趋势，改善并提升耕地质量潜力巨大。党中央、国务院高度重视土壤环境保护工作，习近平总书记在党的十九大报告中强调，强化土壤污染管控和修复，加强农业面源污染防治。《土壤污染防治行动计划》（国发〔2016〕31号）明确要求"着力推进安全利用，全面落实严格管控，保障农业生产环境安全"。贵州省在耕地规模相对有限的情况下，解决粮食安全问题，一个有效的途径就是加强耕地保护，加强耕地质量建设，坚决遏制污染耕地的行为，对受污染耕地采取综合措施，着力提升耕地肥力，通过保护提升耕地质量来提高农产品质量，夯实农产品质量安全的基础。

2. 耕地质量保护与提升是农业可持续发展的根本保障

贵州省500亩以上坝区共1725个，涉及86个县（市、区）、854个乡镇、4700个村。涉及县、乡、村的数量分别占全省总数的97.7%、73.9%和35%。坝区涉及范围广，能够集中解决贵州农业产业的现代化发展瓶颈问题，推动农业向区域化、规模化、特色化、产业化发展，是推动贵州省农业产业发展的质量变革、效益变革和动力变革。人多地少的国情使我国农业生产一直坚持高投入、高产出模式，耕地长期高强度、超负荷利用，造成质量状况堪忧、基础地力下降，而贵州省作为全国唯一没有平原支撑的省份，是全国农业生产技术水平较低的省份，但同时也是全国重要的矿产资源富集地，在矿山开采和加工过程中造成部分地区耕地土壤酸化较突出和受到重金属的影响，加上地膜残留污染、畜禽粪便污染等问题较为严重，造成了部分耕地退化，耕地土壤养分含量降低。因此，需要加强耕地质量保护与提升建设，减少农田污染，培育健康土壤，提升耕地质量和潜力。此外，农业生产是资源优化配置的过程，现代农业生产技术只有与高质量的耕地结合，才能提高生产效率、促进农业产出的增加。高质量耕地是发展现代高效农业和实现粮食生产保持稳定的基本保障，决定了绿色农业的发展水平，影响农业的可持续发展。

（二）坝区耕地质量保护与提升的总体思路

以保障国家粮食安全、农产品质量安全和农业生态安全为目标，落实最严格的耕地保护制度，树立耕地保护"量质并重"和"用养结合"理念，坚持生态为先、建设为重，以新建成的高标准农田、耕地退化污染重点区域和占补平衡补充耕地为重点，依靠科技进步，加大资金投入，推进工程、农艺、农机措施相结合，依托新型经营主体和社会化服务组织，构建耕地质量保护与提升长效机制，守住耕地数量和质量红线，奠定粮食和农业可持续发展的基础。

（三）坝区耕地质量的保护与提升任务重点

坝区耕地质量保护与提升任务重点是退化耕地综合治理、土壤肥力保护提升、坝区污染耕地阻控修复和耕地质量调查监测与评价。

1. 技术路径

坝区耕地质量保护与提升的技术路径主要是"改、培、保、控"四字要领。"改":改良土壤。针对耕地土壤障碍因素,治理水土侵蚀,改良酸化、盐渍化土壤,改善土壤理化性状,改进耕作方式。"培":培肥地力。通过增施有机肥,实施秸秆还田,开展测土配方施肥,提高土壤有机质含量、平衡土壤养分,通过粮豆轮作套作、固氮肥田、种植绿肥,实现用地与养地结合,持续提升土壤肥力。"保":保水保肥。通过耕作层深松耕,打破犁底层,加深耕作层,推广保护性耕作,改善耕地理化性状,增强耕地保水保肥能力。"控":控污修复。控施化肥农药,减少不合理投入数量,阻控重金属和有机物污染,控制农膜残留。

2. 主要措施

(1)退化耕地综合治理

退化耕地综合治理主要是针对酸化(潜育化)耕地综合治理。主要措施是实施"综合治酸治潜",应用土壤改良、地力培肥、治理修复等综合技术模式,构建以"降、阻、控、培"为核心的酸化防治关键技术,实现酸化防治与肥力提高协同提升耕地质量。例如,在土壤 pH 值低于 5.5 的耕地酸化和潜育化地区,选择施用石灰和土壤调理剂,开展秸秆还田或种植绿肥,潜育化耕地配套建设排水系统。

(2)土壤肥力保护提升

坝区耕地肥力保护提升途径,主要措施是实施秸秆还田和增施有机肥,种植绿肥压青还田培肥提升土壤有机质,综合利用沼渣、沼液等生物质有机肥培肥提升土壤有机质，以及深松整地保水保肥等。

增施有机肥重点是建设畜禽粪污资源化利用基础设施，建设有机肥厂（车间、堆沤池），引导农民增施有机肥。秸秆还田可分为秸秆直接还田和秸秆间接还田。秸秆直接还田有广义和狭义之分，广义的秸秆直接还田包括作物根茬残留还田和可收集利用秸秆直接还田；狭义的秸秆直接还田特指可收集利用秸秆直接还田，往往被人们简称为"秸秆还田"。秸秆直接还田目前主要有三种方式，即机械粉碎翻压还田、覆盖还田和留高茬还田。秸秆间接还田包括秸秆沼肥还田，秸秆过腹还田，秸秆过腹沼肥还田，秸秆菌糠还田，秸秆菌糠沼肥还田，秸秆堆沤还田，外置式秸秆生物反应堆"气""渣""液"综合利用以及草木灰还田等八种主要方式。

（3）坝区污染耕地阻控修复

《贵州省土壤污染防治工作方案》（黔府发〔2016〕31号）指出："要牢牢守住发展和生态两条底线，以改善土壤环境质量为核心，以防控土壤环境风险为目标，以保障农产品质量和人居安全为出发点。"坝区污染耕地阻控修复重点是土壤重金属污染修复、化肥农药减量控污和白色（残膜）污染防控。

土壤重金属污染阻控修复。在调查掌握坝区土壤重金属污染类型和程度的基础上，因地制宜选用安全利用类和治理修复类措施。安全利用类措施主要为农艺调控类措施，包括低吸收品种替代、调节土壤酸度、开展水肥调控等。治理修复类措施是在农艺调控的基础上，进一步实施土壤调理、开展原位钝化、实施生物修复等。

化肥农药减量控污。主要是调整化肥农药使用结构、改进施肥施药方式，建设有机肥厂（车间、堆沤池），推动有机肥（秸秆、绿肥）替代化肥，推广测土配方施肥、病虫害统防统治、绿色防控等技术。

白色（残膜）污染防控。防治措施应遵循"以宣传教育为先导，以立法强制为核心，以回收利用为手段，以经济政策为引导，以产品替代为补充"的原则。开展地膜使用零增长行动，全力减少地膜使用。对确需使用地膜的，推广使用加厚地膜，严禁使用厚度小于0.01毫米的地膜，从源头保证农田残膜可回收。开展耕地、农田残膜回收行动，对残膜回收网点和废旧地膜加工点进行资金补贴，防止残膜对耕地的污染进一步扩大。

（4）耕地质量调查监测与评价

坝区耕地质量调查监测与评价的要点是建设耕地质量调查监测网络和耕地质量大数据平台，组织开展耕地质量调查与评价工作。建设耕地质量调查监测网络主要是根据土壤类型、作物布局、耕作制度、代表面积、管理水平、生态环境的差异，设置耕地质量长期定位监测控制点，开展耕地地力、土壤墒情和肥效监测。建设耕地质量大数据平台。建立省级耕地质量数据中心，完善县域耕地资源管理信息系统，及时掌握耕地质量状况。开展耕地质量调查与评价。在坝区耕地地力调查和评价的基础上，开展坝区耕地质量调查与评价，对耕地立地条件、设施保障条件、土壤理化性状、生物群系、环境状况和耕地障碍因素进行全面调查，综合评价耕地质量等级。

四、坝区农田建设潜力目标

通过坝区农田基础设施建设和坝区耕地质量的保护与提升，使坝区建成集中连片、设施配套、生态良好、抗灾能力强，满足贵州山地特色高效农作物高产栽培、节能节水、机械化作业、持续高产稳产、优质高效和安全环保等现代农业生产要求。实现"田地平整肥沃、水利设施配套、田间道路畅通、林网建设适宜、科技先进适用、优质高产高效"的现代高标准农田生产目标。总之，贵州高标准的坝区农田建设可归纳为：

（一）田成块、地平整、土成型

（二）路成网、渠相通、沟相连

（三）旱能灌、涝能排、抗灾强

（四）土壤肥、无污染、高稳产

（五）机能耕、生态好、众满意

第二节　聚焦配套政策，提升保障能力

耕地破碎、基础设施落后、缺乏管理，直接导致农产品缺乏特色、产值低下，一直制约着贵州省农业的快速发展。2015年6月，习近平总书记在贵州调研时强调，要加快发展特色高效农业，加快培育新型农业经营主体。因此，在全省来一场振兴农村经济的深刻

的产业革命，大规模推进农村产业结构调整，推动特色农业高质量发展已刻不容缓。2018 年，贵州省首先把建设面积在 500 亩以上的农业坝区作为突破口，致力于把分散的耕地重新集中起来，化零为整，努力将其培育成贵州省农业现代化的"样板田、科技田、效益田"。在坝区农业的规划发展过程中，尽管发展思路清晰，工作部署及时，但仍然存在一些突出、尖锐的问题亟待解决，包括基础设施建设落后，基础设施建设与产业发展结合不紧密；农业保险覆盖率低，保障能力较差；科技支撑不足，农业科研成果和使用技术转化率低；产业结构优化不足；产销对接不畅通，产业链发展机制薄弱；综合效益不高，示范引领作用不强等。在贵州这样一个以山地、丘陵为主的省份，500 亩以上坝区是全省最好的土地，是关系农业发展的长远大计，抓好 500 亩以上坝区农业产业结构调整、纵深推进农村产业革命，是全面建成小康社会的重要举措，也是深化农业供给侧结构性改革、加快农业高质量发展的必由之路。为全面推动 500 亩以上坝区农业产业结构调整，大力支持新型农业经营主体发展，加快推动坝区农业规模化、标准化发展，打赢脱贫攻坚战、全面推进乡村振兴，贵州省采取了一系列举措：

成立省 500 亩以上坝区农业产业结构调整工作领导小组和工作专班，市、县也对应成立专门工作机构。省领导小组建立了定期调度制度，定期召开会议对各地工作推进情况进行集中研判和督促。出台了《关于支持新型农业经营主体推进 500 亩以上坝区农业产业发展的意见》《贵州省 500 亩以上坝区农业产业结构调整奖补资金和项目管理办法》《贵州省坝区产值奖补实施细则》《贵州省 2020 年政策性农业保险实施方案》，制定了产值奖补、基础设施建设奖补、政策性保险等一系列配套支持政策。印发了《贵州省 500 亩以上坝区种植土地保护办法》《贵州省 500 亩以上坝区农田基础设施管护实施细则》《贵州省 500 亩以上坝区农田基础设施建设项目验收管理实施细则》，为保护 500 亩以上坝区种植土地，实现坝区农业产业规模化、标准化、集约化发展，加强坝区农田基础设施建设项目建设，确保项目按计划完成并充分发挥效益提升了政策保障。此外，《贵州省 500 亩以上坝区建设和农业结构调整 2019 年实施方案》《贵州省 500 亩以上坝区农业产业结构调整定期调度制度》《关于 500 亩以上坝区农业产业结构调整的指导意见》《贵州省 2019 年样板坝区和达标坝区验收认定办法》等相关政策的出台，为推进 500 亩以上坝区农业产业结构调整，精准优化农业产业的资源配置、集中解决农业产业的现代化发展瓶颈问题提供支撑。组织编制"一坝一策"方案，截至目前，全省 1725 个"一坝一策"方案在省农科院和贵州大学相关专家的指导下已编制完成。

此外，省大数据局牵头搭建的坝区农业结构调整大数据平台已经完成，同时还完成坝区大数据平台的移动端 APP 原型功能设计并投入使用。

一、基础设施相关政策，保障农业发展根本

受自身地理条件的制约和限制，传统农业采用简单的农用工具和机械，挖井修渠灌溉、人工沤肥、平整土地、播种经济作物等，人均劳动量较高，而亩产值较低。为建设 500 亩坝区农业产业现代

化，调整产业结构，进行500亩以上坝区农田基础设施建设首当其冲，以保障农业发展。

（一）农田基础设施建设财政奖补

以前的农田在排水、灌溉、田间道路、土地平整等方面存在很大的问题，设施相对落后，无法进行大规模机械化生产。针对这一问题，贵州省出台农田基础设施财政奖补政策，专项用于支持新型农业经营主体实施坝区农田基础设施建设，具体包括：灌溉和排水工程、田间道路工程、土地平整工程、农田输配电工程等。根据产业覆盖区域的农田基础、地形条件等合理确定建设内容，坚持"按需设计和填平补齐"的原则，推动加快建成一批高产稳产、田块平整、土壤肥沃、排灌方便、道路通畅、生态良好、宜于农机耕作的坝区耕地，着力改善农业基础设施，夯实现代农业发展基础。

在技术标准上，按照《贵州省500亩以上大坝农田建设工程技术指南》组织实施方案的编制和实施，实行技术标准"一把尺"。政策规定，奖补的10%由财政部门拨付作为项目启动资金；奖补的40%，由新型农业经营主体向县级农业农村部门提供进度证明及拨款材料，县级农业农村部门审核通过后提交县级财政部门申请拨付。剩余50%坝区基础设施建设财政奖补资金，按照《省财政厅省农业农村厅省统计局关于印发〈贵州省500亩以上坝区农业产业结构调整奖补资金和项目管理办法（试行）〉的通知》（黔财农〔2019〕93号）规定申请兑现奖补。在政策实施过程中，按照农田建设项目新建或改建情况，分地区分档补助。

2020年，贵州省农业农村厅印发了《关于下达2020年省级坝区农田基础设施建设财政奖补资金的通知》，审批坝区基础设施建设奖补项目 171 个，申请财政资金 3.77 亿元，已预拨资金 50%、共计 1.88 亿元。

（二）坝区建设验收和管护

坝区基础设施建设是否达标关系到后续的农业生产与发展，是农业生产的基础，为加强贵州省 500 亩以上坝区农田基础设施建设项目的建设，确保坝区项目充分发挥效益，贵州省制定了《贵州省 500 亩以上坝区农田基础设施建设项目验收管理实施细则（试行）》。坝区建设项目的验收实行量化考评，要对照验收评分标准逐一细化打分，以量化项目建设的每一项指标，确保项目建设按照一定的规定保质保量地完成。

另外，2020 年 1 月印发的《贵州省 2019 年样板坝区和达标坝区验收认定办法》，主要以核查产业结构调整成效为核心，以查验八个指标（有效灌溉率、田间道路通达度、土地流转（入股）率、新型经营主体覆盖率、良种良法覆盖率、农作物绿色防控覆盖率、主要农作物政策性保险参保比例、平均亩产值）完成情况为重点，公正客观评价创建成效，进一步推进坝区产业发展，确保样板坝区和达标坝区真正发挥示范带动作用。该政策对统筹抓好基础设施建设、产业布局、组织方式、科技支撑等关键环节，增强坝区生产能力，提升坝区综合效益，发挥示范坝区对全省农业发展的引领作用意义重大。

在坝区基础设施的建设取得一定成绩后，不可能一劳永逸，后期管护显得尤为重要，更是应该长期坚持做的事情，才能为坝区农业保驾护航。为加强贵州省500亩以上坝区农田基础设施建设项目工程管护工作，提高农田建设资金使用效益，保证项目区竣工验收工程正常运转并长期发挥效益，贵州省制定了《贵州省500亩以上坝区农田基础设施管护实施细则（试行）》。本细则按照"建管并重""谁受益、谁管护""谁使用、谁管护"等原则进行工程管护，项目工程管护主体明确为实施项目的新型农业经营主体。

（三）其他政策

除了基本的设施建设外，政府还有其他相关配套的支持政策，包括对在农田旁建设的产地预冷库，享受农业生产用电价格；对整车合法装载运输鲜活农产品的冷藏车辆，符合《鲜活农产品品种目录》有关要求的按规定免收高速公路通行费（鲜活畜禽产品除外）；优先保障新建冷链设施用地；农产品冷链设施建设项目土地出让金，按所在区域工业用地最低价标准执行。为严格保护500亩以上坝区种植土地，实现坝区农业产业规模化发展，贵州省制定了《贵州省500亩以上坝区种植土地保护办法》，并规定县级人民政府要建立500亩以上坝区种植土地管护员工作制度，聘请坝区内行政村1—2名村民为坝区种植土地管护员，保障坝区土地不受侵犯。

这些政策的出台，旨在保障坝区农业发展的顺利进行，为进一步促进农村产业结构调整，推动特色农业高质量发展，振兴农村经济奠定了坚实的基础。

二、农业生产相关政策，保障农业发展基础

（一）产值奖补

产值奖补资金是用于新型农业经营主体开展农业产业结构调整达标产值后的补助。目的是为了鼓励进行农业结构调整，发展综合种养，扶持新型经营主体发展坝区产业，促进规模化、标准化、集约化发展，积极推动农民增收和脱贫攻坚。凡是在单一坝区发展农业产业（蔬菜、食用菌、草本中药材、优质粮油烟、花卉、"稻+"）连片规模达到耕地面积 500 亩以上的种养业均可申报。该奖补按照"先建后补、以奖代补"的方式，由新型经营主体自行垫资投入建设，项目完成后向农业农村提出奖补申请。

奖补以产值为导向，亩均产值 = 总产值 / 申报主体经营的耕地总面积，年均亩产值达到一定标准的，采取分档、定额一次性奖补。原则上实行"绩效奖补"方式。奖补资金主要用于农产品生产、加工、销售等环节的补助补贴、投融资风险奖补以及生产所需的技术培训等。以奖补的方式，促进坝区农业经营主体的生产积极性，提高生产效益，形成良性循环，保障经营主体的利益。

2020 年，贵州省已下达省级财政坝区产值奖补资金 2.5 亿元，专项用于奖励达到产值奖补条件的坝区新型农业经营主体。

表7　产值奖补标准（单位：元）

年平均亩产值	每亩补助
8000—12000	1000
12000—20000	1200
20000 以上	1400

（二）保险政策

对达到相应产值的经营主体进行奖补，固然可以刺激生产积极性，保障他们的利益，但很多经营者仍不能很好地承担农业生产过程中潜在的风险，这在很大程度上阻碍了一部分想通过劳动致富的人的行动，也打击了生产者的积极性。近年来，贵州省围绕"来一场振兴农村经济的深刻的产业革命"，持续推进"12+1"个特色产业发展和500亩以上坝区产业结构调整的决策部署，积极引导农业保险经办机构围绕贵州省农业生产实际不断增加保险产品、扩大承保范围、提高保障水平，为经营者解决后顾之忧。截至目前，全省农业保险已开办的品种超过75个，涵盖了水稻、玉米等11个中央财政保费补贴险种及水果、蔬菜、食用菌等12个特色产业种植、养殖及价格保险，已初步形成水稻、公益林等11个中央补贴险种"应保尽保"，地方特色农业保险蓬勃发展的良好格局。同时2020年3月省财政厅、省农业农村厅、省林业厅、省扶贫办印发的《贵州省2020年政策性农业保险工作实施方案》明确"加大产品和模式创新，探索开展一揽子综合险，将农机大棚、农房仓库等农业生产设施设备纳入保障范围"。另外，省财政厅、省地方金融监管局、省农业农村厅等部门联合印发了《贵州省2020年金融服务创新年方案》（黔金监发〔2020〕6号）、《关于做好保险支持贵州省农村产业革命工作的通知》（黔财金〔2019〕23号），着力提高中央财政补贴农业保险覆盖面，推动地方特色农业保险加快发展，加大保险产品创新，大力发展价格指数保险，充分发挥农业保险在稳定农业生产、防范化解农业风险方面的功能作用，促进贵州省农业产业发展。

2020 年，全省政策性农业保险工作方案明确，实施保险托底保障政策。严密防范农业自然灾害、农作物病虫害，加强市场风险防控，发挥农业保险的保障作用。按照"有灾保成本、无灾保收益"和"自愿参保"的原则，实施组合式农业保险支持，有效防范生产性和市场性风险，为经营主体提供了重要经济保障。

再者，贵州省政策性农业保险全面扩面，品种不断增多。同时，政策农业保险的保费降低，保额提高。更重要的是，理赔流程简化，理赔方便快捷，大大提高了对农业生产者的保障能力。

（三）农业信贷担保政策

财政部、农业部、银监会 2017 年 5 月联合印发了《关于做好全国农业信贷担保工作的通知》，在全国范围内建立政策性支持、市场化运作、专注农业、独立运营的农业信贷担保体系，是财政撬动金融支农的一项重大机制创新。在推进省级农担公司组建和运营过程中，各省要准确把握农业信贷担保的政策性定位，确保农业信贷担保贴农、为农、惠农，不脱农。

2020 年 4 月，贵州省财政厅、农业厅、省地方金融监督管理局联合印发了《关于建立贵州省农业信贷担保联盟助推农村产业革命发展的指导意见》。该通知要求，以贵州省农业信贷融资担保股份有限公司为主体，联合市（州）、县（市、区、特区）政策性担保公司或市县政府，建立共同增信分险的全省农业信贷担保联盟。政府通过建立农业信贷担保费补助和业务奖补机制等给予资金支持，并在政策上给予指导。全省农业信贷担保联盟通过与银行合作，建立起风险分担和利益共享机制，降低农业贷款融资成本和风险，形成银担合作共赢、财政金融协同支持农业发展的良好局面。省市县三级一体全省农业信贷担保联盟的建成，为农业经营主体提供信贷担保服务，切实解决了农业发展中的"融资难、融资贵"问题，支持了贵州省十二大产业、坝区产业发展。相关政策的出台提高了坝区相关农业经营主体抵抗风险的能力，增添了一些保障经济利益的能力。

近 5 年来，全省农担体系累计担保额突破 180 亿元，累计担保户数 9 万余户，有效打通金融资源流向全省农业产业的"最后一公里"，在夯实乡村振兴产业基础，推进农村产业革命纵深发展，助力全省脱贫攻坚等方面发挥了重要作用。

（四）产业政策

500 亩以上坝区在全省分布的数量、面积有较大差异，各个地方气候也有一定的变化，如何利用好当地的土地和气候，生产出更多的农产品，发挥更大的经济效益是坝区农业发展的一大难题。省相关政策指出，要结合全省特色优势产业布局规划，扶持发展蔬菜、辣椒、食用菌、草本中药材、优质粮油等优势产业，用最好的田土种植高效经济作物和优质粮油作物。推广间套复种、水旱轮作和"一年多季""一田多收""一业多效"等模式，推行综合种养，发展循环农业。

健康、绿色、环保是现代人们追求的一种生活方式，因此，以绿色发展为导向，推进坝区农业产业发展。在农业发展中，推广高产优质高效、病虫害绿色防控、测土施肥、多熟种植、种养循环等技术，力求打造一批产出高效、产品安全、资源节约、环境友好的典型样板，使坝区农作物绿色防控覆盖率、农作物秸秆综合利用率、耕种收综合机械化水平等持续提升。

（五）科技人才政策

现代化农业的生产离不开科技人才的支持，现代农业产业技术体系、"万名农业专家服务三农行动"、科技特派员等资源是政策对农业发展的科技人才最大的保障。专门组织专家精准服务坝区产业发展，为坝区产业提供相应的技术支持和人员培训，力求实现坝区技术服务团队全覆盖。

树立科技兴农、质量兴农、品牌强农意识，加强技术创新和成果转化运用，积极推广高效种植模式，推进农业生产和加工废弃物综合利用。加强坝区主导产业生产关键技术攻关，发布主导产业品种和主推技术模式，加快符合市场需求的新品种、新技术、新设备引进推广。通过新时代学习大讲堂、农民讲习所及田间讲习等方式，广泛开展生产技术培训。

三、产品销售政策，保障农业生产利益

为推进坝区产业效益最大化，坚持农产品流通体制改革，形成生产、流通、销售高效衔接的流通体系。为提高坝区农产品省内市场的占有份额，积极推进坝区农产品进学校、进机关、进军营、进医院、进企业、进社区、进超市。支持发展订单农业，先预定再生产，保障销售出路。目前，线上销售成为现在的新兴销售渠道，加快发展农村电子商务，支持坝区与各大电商平台开展深入合作，鼓

励创新营销模式，推动线上线下销售深度融合，拓宽销售渠道。另外，用好"黔菜进京""黔菜入沪""黔菜广进"等渠道，积极开拓对口帮扶市场、周边省市市场及东南亚等国际市场，保障农产品销售经济效益。

品牌是一种产品的象征，是企业、产品与消费者之间关系的载体。以自身过硬的农产品质量，加大品牌培育推介力度，打造一批坝区区域公共品牌、企业品牌和产品品牌，产品品牌成功的建立，将为后续农产品的销售打下基础，提供强有力的保障。

第三节 因地制宜，统筹推进坝区产业结构调整

贵州省作为以山地丘陵为主的喀斯特山区，地形条件复杂，境内山脉众多，导致土地破碎，而家庭联产承包责任制又使破碎的土地更加分散化。能进行规模化利用的地块有限，农业基础设施不完善，农业产业布局难以协调统一，种植品种多、散、杂，生产技术参差不齐，农产品质量标准不一，集约化、规模化发展订单产业比较困难，这些因素一直制约着贵州农业的发展。

因此，贵州要加快发展特色高效农业，加快培育新型农业经营主体，因地制宜，统筹推进坝区产业结构调整，在有限的土地要素上发展特色高效农业。近年来，贵州省各级党委、政府和相关部门从顶层设计（出台省级专项指导意见）到"搭班子"（组建各级领

导小组、联席会议）、"建机制"（多部门联动协调）再到"定政策"（奖补优惠政策、配套政策、"一坝一策"等）、"促落实"（工作督查、黑白榜、奖惩机制等）等方面，全面推进 500 亩以上坝区农业产业结构调整工作，在领导小组的统一指挥调度下，全省各地结合自身实际，及时启动实施，各项工作迅速展开。并取得了明显成效。

一、结构调整的总体要求

贵州省坚持以习近平新时代中国特色社会主义思想为指导，贯彻落实省委、省政府关于推进坝区建设和农业产业结构调整的重大部署，坚持抓重点、补短板、强弱项、扬优势，持续深入推进农村产业革命，推动坝区农业发展提质增效。全面落实产业革命"八要素"和"五步工作法"，坝区土地流转力度加大，现代农业设施建设加强，招商引资与产销对接发力，农产品流通体制改革加快，强化要素保障，健全利益联结机制，确保全部坝区建成达标以上坝区，并推动农业实现"六个转变"，将坝区培育成贵州省农业现代化的样板田、科技田、效益田，打造成贵州农业高质量发展的"聚宝盆"，带动更多农民群众增收，为巩固脱贫攻坚成果、实施乡村振兴战略、同步全面小康作出新的贡献。

二、结构调整的重点工作

（一）把牢产业方向，抓基础建设，优化坝区产业发展布局

立足本地资源禀赋、产业基础优势和市场需求，加强决策调

研，把牢产业方向，选优主导产业和发展模式，优化"一坝一策"并推进落实。重点扶持蔬菜、辣椒、食用菌、草本中药材、优质粮油等优势产业，推广间套复种、水旱轮作和"一年多季""一田多收""一业多效"等种植模式，推行综合种养，发展循环农业。注重顶层设计，针对产前、产中、产后全过程，做好种植、加工、产品、销售全产业链规划布局。加大500亩以上坝区农业基础设施建设力度，因地制宜推进灌溉和排水工程等农田基础设施建设，支持在原有基础设施上实施填平补齐、提质改造。加强现代农业设施建设，加大温室大棚、微灌、滴灌等设施农业发展力度，加快完善产地初加工、深加工、产地市场、冷链物流等配套设施。

（二）把准市场动态，抓产销结合，壮大经营主体

根据不同坝区的自然条件和生产优势，结合市场动态科学选择种植品种，培育具有坝区鲜明特色优势的蔬菜、食用菌、中药材等高效经济作物。通过政策引导并鼓励坝区企业、合作社和农户不断探索建立农企对接、农校对接、农超对接、农社对接、农批对接、农产品直销等销售模式。用好"黔菜进京""黔菜入沪""黔菜广进"等渠道，积极开拓对口帮扶市场、周边省市市场及东南亚等国际市场。采取"电商驿站 + 产业基地 + 贫困农户 + 村级小二"方式，将农户、基地与电商驿站直接链接，形成生产、流通、销售高效衔接的流通体系。深化"公司 + 合作社 + 农户"的发展模式，鼓励国有平台公司领办龙头企业、能人大户领办专业合作社，全力扶持农业企业、农民专业合作社、家庭农场等新型经营主体，把坝区打造成为培育壮大新型经营主体的"摇篮"。

（三）把握科技赋能，抓技术服务，聚焦产业技术难题

科学技术是第一生产力，把握科技赋能，树牢向科技要效益、要质量的理念。深入研究确立农业产业技术开发重点，抓住关键技术，推进技术攻关，尽快将现有先进、适用的技术在坝区农业生产中推广应用。此外，需要加强坝区大数据平台推广使用，支持有条件的坝区发展现代智慧农业、农业物联网、"互联网＋农业"、农业大数据，实现数字化农业生产、流通、销售的实时监控、精准管理和远程控制，提高坝区农业产业数字化、智能化水平。农业科技服务方面，依托农村"新时代农民讲习所""万名农业专家服务三农行动"，用好现代农业产业技术体系、科技特派员等资源，组织农技人员、"土专家""田秀才"深入坝区和基地，开展实用技术、技能和市场经营培训，加大对坝区农民技术培训，聚焦产业技术难题，增加产业发展科技含量，做好产业发展技术保障。

（四）把好绿色发展，抓农民增收，实现可持续跨越式发展

绿水青山就是金山银山，贵州省始终坚守生态和发展两条底线，以绿色发展为导向推进坝区农业产业发展，推广高产优质高效、病虫害绿色防控、测土配方施肥、多熟种植、种养循环等技术，打造一批产出高效、产品安全、资源节约、环境友好的典型样板，促进坝区农作物绿色防控覆盖率、农作物秸秆综合利用率、耕种收综合机械化水平等持续提升。此外，加强农民技术培训和创新创业培训，深化农村"三变"改革，抓好农银企产业共同体试点，推广"订单收购＋分红""农民入股＋保底收益＋按股分红"等模式，鼓励集体固定资产和财政资金量化入股，扩大产业项目对农户特别

是贫困户的覆盖面，优化农民在坝区产业链、利益链、价值链上的环节和份额。从而促进农民持续增收，实现可持续跨越式发展。

（五）把严资金管理，抓组织方式，优化健全利益联结机制

以项目为载体，严控资金使用，按照坝区农业产业结构调整的要求，搞好农业及相关产业的综合开发建设。巩固和推广"龙头企业＋合作社＋农户"组织方式，用好东西部扶贫协作和产业合作机遇，围绕坝区主导产业链条缺失或薄弱环节，开展精准招商。推广"村社合一"成功经验，切实增强合作社经营管理能力，发挥好合作社带动作用。鼓励农户以土地、人力等资源入股合作社，参与合作社经营建设，达到农户和合作社的利益联结，明确企业、合作社、农民在产业链、利益链中的份额。通过"流转土地收租金、资金入股领股金、集体收益享利金、入企打工挣薪金"四条渠道带动农户增收致富，真正实现群众收入稳步提升。让企业有赚头，让农民有盼头，实现利益"双赢"。

（六）把紧政策创新，抓达标坝区创建，建立健全工作机制

围绕达标坝区创建指标要求，加强工作统筹推动，加大项目资金支持。引导资本、科技、人才、信息等现代要素向坝区集聚，打通先进生产力进入坝区的通道，提高坝区土地产出、资源利用、劳动生产水平，打造现代农业示范基地。深入总结宣传坝区产业发展、生产技术、经营模式、投融资、流通体制改革、"三变"改革等方面典型案例和成功经验，推广"坝长制"等做法。坚持以机制完善、政策创新为基本动力，构建以保护耕地、完善设施、集聚要素、融合产业、绿色发展、深化改革、宣传推广等为主要内容的坝区农业产业结构调整制度体系，全面激活坝区农业发展的内生动力。省坝区工作领导小组各成员单位结合工作职责，建立常态化协作机制，强化工作联动，提高工作效能。

三、结构调整的保障措施

贵州省坝区结构调整领导小组统筹协调全省坝区建设和农业结构调整工作，各有关单位对照职责协同配合、共同推进。定期调度、研判坝区工作进展，研究解决存在的困难和问题，部署安排阶段性重要工作。各级各单位强化担当作为，加大对坝区的资金、人才、技术等支持力度，形成推动坝区农业产业结构调整的整体合力。重点抓好基础设施建设奖补、产值奖补和政策性保险支持，加强各类涉农资金整合，搭建投融资平台，建立多元化、多渠道的投融资机制，引导金融资金、社会资金投入坝区建设发展。总结坝区建设和农业产业结构调整的好经验好做法，充分利用报纸杂志、广播电视、互联网等载体，宣传推广坝区发展中的先进模式、典型事例，促进各地交流学习借鉴、相互取长补短，形成比学赶超的良好氛围。

四、因地制宜发展特色产业

（一）贵阳市

产业强不强决定了坝区的建设效果，贵阳市选择适合本地发展、见效快、效益高的蔬菜、食用菌等作为主导产业，因地制宜调整坝区产业结构，打造规模化、标准化、产业化示范基地。由 6 个市领导领衔 6 个专班，主攻菜篮子、果盘子、茶园子、药坝子、奶瓶子"五子登科"提质增效，重点发展蔬菜（辣椒）、食用菌、生态家禽、生猪为主的"菜篮子"，猕猴桃、桃、李、刺梨等精品水果为主的"果盘子"，高品质绿茶为主的"茶园子"，石斛、白芨、黄精等中药材为主的"药坝子"以及牛奶为主的"奶瓶子"。截至目前，贵阳市坝区完成高效经济作物种植 13.37 万亩，其中蔬菜种植 7.41 万亩（次），中药材种植 0.29 万亩，果树、茶叶及绿化苗木种植 3.14 万亩，食用菌种植 0.04 万亩，优质粮油 2.02 万亩，稻、鱼综合种养 0.32 万亩。同时，贵阳市还大力发展采摘农业、创意农业、休闲农业、康养农业等农业新业态，将 17 个蔬菜产业坝区纳入乡村旅游线路，全面提升坝区综合效益。

贵阳市在建设坝区时，积极引进龙头企业，按照"龙头企业＋合作社＋农户"的模式，采取农户以土地流转或入股的方式，由龙头企业代建基地，基地建成后农户可选择自行管理或企业托管，农户按照保底分红和收益分红的"三变"模式保障收益。同时创新"国有平台＋龙头企业＋合作社＋农户"发展模式，大力推进贵阳市农业农垦集团建设 2.5 万亩高标准设施蔬菜基地项目，统一领导、统一规划、统一投入、统一建设、统一组织、统一营销，全面提升坝区农业现代化水平。此外，充分利用贵阳农产品物流园、贵阳地利农产品物流园、惠民生鲜超市、中央厨房等批发市场和公益性平台，不断拓展销售渠道。

（二）遵义市

当前，全市上下结合坝区资源禀赋，因地制宜，编制完成了

228个坝区产业结构调整实施方案，优化产业结构，突出效益导向，精准"一坝一策"。在产业选择上，坚持"四新一高"（新品种、新技术、新模式、新主体，高效益）产业结构调整思路，始终瞄准"优""特""精"做文章，按照"长短结合、长在山上、短在耕地"的工作要求，以500亩坝区为重点，在巩固烤烟、持续调减低效籽粒玉米的基础上，做大做强茶叶、辣椒、蔬菜（食用菌）、红粱、竹、中药材（石斛）、花椒、生态畜禽等主导优势产业。红花岗区莲池大坝有960亩，土地流转率达90%以上，该坝区依托距离遵义中心城区较近的优势，大力建设蔬菜保供基地，推广"早春蔬菜＋苦瓜＋冬季蔬菜"等"短、平、快"种植项目，同时种植非洲菊、折耳根等高产值品种，坝区平均亩产值达1.3万元左右。湄潭县官堰坝区瞄准市场需求，大力调整产业结构，着力发展香葱产业并取得显著成效。该坝区常年稳定在2300亩左右，2018年就实现产值4000多万元。如今，每天都有上万斤香葱从官堰村的田间地头发往贵阳、重庆等地。

汇川区泗渡镇坝区曾因地域相隔，各党组织分村而治，在项目、资金、政策、人力等资源整合上不够，党员的作用也发挥不好。2019年10月29日，泗渡镇探索成立贵州省首个坝区联合党委，划转泗渡镇农业园区党支部，整合观坝社区、松杉村等6个村（社区）及部门资源，联合镇党委、区农业农村局、区农投公司探索脱贫"新路"，在人力、技术、市场上下深功夫，通过"联合党委＋合作社＋龙头企业＋农户"模式，推动坝区产业发展。泗渡镇观坝坝区由于地势比较平坦，基础设施的通达度好，综合考虑其资源禀赋、劳动力、气候条件、产业基础等因素，该坝区做足了茄子"文章"。除了科学编制《汇川区泗渡镇茄子栽培技术》，建立茄子生长农事记录、种植管理档案外，还可以在智慧农业云平台上，查看从种子种苗、栽培管理到采摘上市全流程智慧管理和全过程追踪溯源，让特色产业的优势得到集中展现。现如今，种植茄子已经成为当地群众增收致富的重要途径。

（三）铜仁市

印江县杨柳镇杨家寨村因为油菜花的美景闻名，每年三四月份，怒放的油菜花吸引各地游客前来游玩。油菜花虽然可以吸引游客前来踏青赏花，带动旅游业，但油菜是冬季作物，除去化肥、耕作，再加上天气、人工等外力因素，能挣的钱不多。因此，杨柳镇牢牢把握农村产业发展"八要素"，围绕印江"2+N"产业发展规划，不断优化产业结构，结合杨家寨坝区高海拔、土地平坦的优势，因地制宜选择适合坝区发展的种草养畜、黄精种植高效产业，有效提高土地资源利用率，实现土地增效、农民增收，倾力打造产业转型"升级版"。目前，杨家寨坝区种草养畜项目共投入资金615万元，分别由县扶贫办外资中心外资资金、杨柳镇因户施策资金和企业投入，计划种植牧草400亩，养牛500头，已完成牛场的主体建设和400多亩的牧草种植。并且成立了印江贵邦现代农业专业合作社，采取"龙头企业＋专业合作社＋土地出租＋分红＋用工"的利益链接机制，由村集体组织生产，把政府的产业结构调整发展规划转化为农民自己的增收工程。项目达产后采取固定分红模式，第一年按照总投入资金的7%进行分红，第二年、第三年按照总投入资金的 8%、9% 逐年递增分红,可惠及杨家寨、凯坪两个村 111 户建档立卡贫困户,辐射带动杨家寨村群众 266 户 933 人增收致富。

过去,思南县塘头镇依托坝区土地、气候、水资源等优势,一直维持着水稻种植的传统。但多是小散户种植,农户技术不成熟,产量始终提不上去,低附加值、高成本、低效益等现实问题持续困扰着当地农民。人们守着万亩良田,却过不上好日子。如何让塘头镇得天独厚的地理条件优势转化为发展优势?该镇引进了适宜"绿色稻 +"模式的抗深水中浙优 8 号水稻,用坝区一百多亩稻田做试验。通过效益比对,"绿色稻 +"模式下的水稻不但产量不减,反而品质更优,市场售价每公斤都在 10 元以上,加上水产养殖综合下来,比以前增加了五到六倍的效益。截至目前,坚强村已累计发展"稻 + 蛙 + 鱼"50 亩、"稻 + 小龙虾"100 亩,芭蕉村实现 50 亩"稻 + 甲鱼",稻田里听得见蛙声、看得见鱼虾、产得出"金银"。

(四)安顺市

位于西秀区东屯乡的东屯村,因地制宜发展稻田养殖,稻田养殖的蛙、鱼、虾可为水稻松动土壤,同时排出的粪便为水稻提供有机肥,从而到达不使用农药、化肥,生产出绿色生态的优质大米。稻田综合种养提高稻谷产量5%—7%,兼收渔获物。该基地采取"稻 +N"(稻 + 虾 + 鱼 + 蛙)综合绿色生态种养模式发展产业,目前已打造稻下养虾 300 亩、稻下养鱼 200 亩、稻下养蛙 100 亩。据了解,通过绿色生态种养模式提高稻谷品质,收获渔获物,可有效地提高稻田空间利用率，提高稻田产值，可实现每亩产值达 16000 元以上，可解决临时性务工 300 人，带动 47 户贫困户增收致富。

紫云县四大寨乡距离县城 41 公里，地处偏远，海拔落差大，拥有坝区面积 1151 亩，缓坡耕地 4800 亩。自 2018 年以来，四大寨乡以坝区为核心，因地制宜不断调整产业结构，在发展高效农业的基础上，大力发展林下养鸡、生态养虾等，形成了种养结合的新产业体系。如今，山上养鸡、林下养蜂、山下种菜、河里养虾，四大寨乡已经初步形成了以调减低效玉米和退耕还林为抓手，以现代高效农业和生态渔业为主导，以高山地区林下经济为重要补充的产业新格局。2018 年末，紫云县四大寨乡贫困发生率高达 22.67%，2019 年脱贫 1042 户 4735 人，贫困发生率下降到 4.61%。而镇宁县江龙镇木志河村水质特别好，适合中华鲟生长，养出的鱼肉质非常好。因此，该镇依托河头电站及河水水质优良的优势，投资 2000 万元大力发展中华鲟养殖项目，促进产业结构调整并带动当地 100 余名贫困群众增收致富。目前有养鱼池 70 个，并配有净化池、鱼苗车间，一年能产 60 万斤鱼，主要销往省内各地，市场前景广阔。此外，紫云县结合每个坝区各自的特点，持续推进"一乡一特""一村一品"现代农业的发展，始终坚持立足资源禀赋，因地制宜科学选择产业，全面提升坝区农产品综合生产能力。在板当镇洞口、小寨关村和猫营镇农场、沙坝、狗场等村连片坝区，继续扩大薏仁米种植面积，以保护好、发展好薏仁米这一特色农产品。在白石岩乡幸福园、干水井村坝区继续扩大红芯红薯种植面积，形成以红芯红薯为主导产业，以烤烟和水稻为辅助产业的现代农业产业园。

（五）六盘水市

近年来，六枝特区落别乡依托良好的地理位置和优越的自然条件，大力发展羊肚菌种植产业。引进贵州豪茂农业发展有限责任公司建设的种植基地地理位置、自然条件优越，种植的羊肚菌品质优良、市场供不应求。公司不断发展壮大，带动大量村民前来基地务工，让村民们吃上稳定的产业饭。

六盘水有着食用菌生长的独特资源优势，菌丝生产湿度为25℃，子实体形成和生长的温度为10℃至18℃，最适温度为12℃至15℃，六盘水市属北亚热带季风湿润气候区，年均温13℃至14℃，1月均温3℃至6.3℃，7月均温19.8℃至22℃。春季回温迟而夏季无酷暑，秋季降温早，年降水量1200—1500毫米，受低纬度高海拔的影响，呈现立体梯度的温度优势，发展食用菌产业的气候条件和自然资源十分优越。凭借气候优势，2018年，钟山区木果镇争取到大连对口帮扶资金340万元，实施食用菌大棚扶贫项目，借此机遇引进贵州迈越农业科技开发有限公司，按照"公司＋合作社＋农户"的模式，打造以菌种培育及菌菇深加工厂为主的食用菌生产基地。按照"人无我有、人有我优、人优我特"的理念，发展"夏菇"种植。食用菌生产基地的菌棒和菌菇产量销量"全开花"。在六盘水夏季发展食用菌属反季节商品，与其他地区相比，具有投入少的优势。同时食用菌产业效益立竿见影，市场发展潜力大，可以风干加工长期保存，产品供求失衡风险低。

在盘州市旧营乡罗家田坝区，乡政府立足农业产业发展优势，结合旧营地理优势、生态环境和自然条件，因地制宜、因村施策，在杨松村、坪田村、罗家田村、水口村等村积极探索，做大做强、做优做精红米特色优势产业。该品种红米色泽红润有光泽、味道浓郁，含有丰富的淀粉与植物蛋白。目前，该乡共种植红米2500余亩，红米年产量达1200吨，市场前景看好。水城县野钟乡响石坝区地势平坦，土质肥沃，是烤烟种植的核心区域。烤烟一直是野钟乡的"当家"产业，响石坝区由公司与烟农签订收购合同，发展种植了500亩烤烟，涉及农户55户。

（六）黔南布依族苗族自治州

近年来，长顺县充分发挥区位、资源等比较优势和贵阳市农投集团市场优势，精准选择"短、平、快"的蔬菜产业作为坝区产业结构调整主攻方向，抢占贵阳市场份额，紧盯贵阳市民"餐桌子"，全力打造"贵阳蔬菜保供基地"。借助贵阳市对口帮扶，规划建设长顺·贵阳万亩蔬菜保供基地2万亩，项目总投资3.5亿元。主要建设内容包括采后处理中心物流区、育苗中心、科研中心，高标准规范露天蔬菜种植区。目前，该蔬菜基地已完成投资1.6亿元，建成蔬菜种植区2810亩。

贵定县云雾镇稻蛙基地利用该地水源优势，因地制宜发展起了"稻蛙"生态立体农业，以"绿色生态"为导向，探索稻蛙种养技术，稻蛙种养比单纯种植水稻每亩增产4—6倍。同时，该基地能够对周边村民提供就业机会，用工人数近3000人次。相反，在缺水的新巴镇乐邦村，该村发展起了油茶产业。新巴镇是全县最缺水的一个镇（街），不能像南面镇（街）一样种植茭白、稻蛙等产业，只能选择新巴人的最爱——"油茶"。

在金海雪山景区的"金海坝区",盘江镇积极利用"金海雪山"旅游品牌,紧紧依靠"金海雪山"AAAA级旅游景区的特色优势,结合500亩坝区产业结构调整,形成春看金海油菜花、夏摘酥李、秋打米的特色旅游体验,实现了年接待游客100万以上,旅游从业人员达2500余人,把500亩坝区产业结构调整和旅游发展有效地结合起来。为让两者更加相得益彰,该镇还引进"四季花谷"、匠人小镇、养老公寓等旅游项目入驻,开发乡愁园、水龙门、盘江美食街等旅游项目,形成农旅融合的新路子,不仅吸引了游客,也给村民带来了实惠。

平塘县六硐坝区,独特的盆地地形,自成一个四季鲜明的区域小气候,六硐河穿坝而过,为坝区提供了丰富的水资源。过去,六硐坝区主要以发展水稻、油菜、玉米等传统农业种植为主,投入多、产出少、收入低成为困扰地方发展的主要因素。自2019年以来,在全省加快推进农业产业结构调整的大潮中,六硐坝区充分利用土地肥沃、水源充足、气候宜人、风光秀丽等资源优势,引进3家企业,改变以往传统的水稻、油菜种植,全部调整为茭白、茄子、西瓜等经济作物,坝区亩产值达1万元以上,有效带动当地农户脱贫致富。

(七)黔西南布依族苗族自治州

义龙新区采取"水旱接茬""粮经间作"的方式,选准了以"一县一业"种草养牛为主导,做大做强蔬菜、中药材、精品水果、"烟+""稻+"等特色优势产业。田坝类重点安排迟菜心、萝卜、韭菜、大蒜等蔬菜种植和马铃薯、小麦、油菜等粮食作物种植,山坝和旱坝重点安排种植牧草、绿肥和道地中药材等，山地重点安排实施退耕还林，主要种植花椒。引进龙头企业48家，并从中选择带动能力强、产供销链条完整的金州蔬菜、贵州道庄生物科技有限公司、贵州凌光药业公司、贵州祥丰源有限公司等13家企业入驻坝区，利用企业资源优势带动群众种植。

近年来，雨樟镇在500亩坝区农业产业结构调整工作推进中，因地制宜规模化发展烤烟产业，并充分利用坝区土地资源，以"烤烟+N"模式种植长寿豌、韭菜、迟菜心、萝卜等，采取"公司+合作社+农户"的模式，与农户签订收购合同，订单生产、保价收购，切实保障农户种植利益，带动农户持续增收。据悉，2019年，雨樟镇种植迟菜心2000余亩，带动近420户农户参与种植，其中贫困户130户440人，经测算，"烤烟+迟菜心"的亩产值可达8000多元。该模式使闲置资源得到充分利用，也为接茬作物再建设施节省了资金、人力等投入，资源充分利用，多产业共同发展。2019年，兴仁市实现烤烟种植4.46万亩，产值1.76亿元，带动农户2026户，户均收入8.66万元；推广"烤烟+白菜""烤烟+萝卜""烤烟+迟菜心""烤烟+芥菜""烤烟+秋豌豆"共计1.53万亩，产值累计达5264万元，亩产蔬菜均收入3441元。2020年，该市规划2个万亩"烤烟+"产业示范区，通过配套蔬菜产业预计亩均增收4000元左右，并通过订单对接，将收购的蔬菜作为食材分选，加工成学生营养餐，配送到市区各个学校，形成稳定的产供销渠道。

（八）黔东南苗族侗族自治州

三穗县长吉镇明确黄花菜、茭白、辣椒、柚子、枇杷等为调减低效作物的替代作物，在坡度 25 度以上地块以退耕还林种植柚子、枇杷为主，坝区以种植黄花菜、茭白、辣椒等作为替代作物。该镇充分利用好每一寸土地资源，因地制宜水田发展种植茭白，旱地发展种植黄花菜，努力实现坝区产业结构调整全覆盖。为延长产业链，提升产业价值链，长吉镇在黄花菜基地进行辣椒套种。为增加产业的附加值，充分利用 780 立方米的冷库和 2857.54 平方米厂房及风干设备，对黄花菜进行保鲜和烘干，保障销售货源。拟建设容量为 2000 立方米的赤瓦冷库，用于茭白保鲜存储，确保四季有货出售。

榕江县充分利用 500 亩坝区常年积温高的"天然温室"优势，推进"321 模式"，将原来实施一年两熟生产模式调整为经济效益更高一年三熟、一年三熟四收高效种植模式，车江七村富民、斗篷合作社"早果菜—水稻—秋冬果菜"一年三熟高效模式，实现亩产值 14905 元；三鑫天源公司实施"早果菜套种春白菜—灌水—秋冬果菜一年两季三收高效模式"，实现亩产值 13889 元；忠诚碧盛源合作社实施大棚西瓜—西葫芦（四季豆）一年二熟高效模式，实现亩产值 23492.5 元。锦屏县统筹整合西部乡镇资金资源和东部乡镇自然资源，在东部乡镇坝区实施万亩蔬菜项目，采取"飞地扶贫、双合作社"模式，以"龙头企业＋合作社＋农户"利益联结方式，一田多用发展一万亩蔬菜种植项目，覆盖东西部乡镇贫困户 9349 户 38245 人。11 月至 2 月种植西兰花，每季平均亩产量 2500 斤、产值 5000 元；3 月至 6 月种植西红柿，每季平均亩产量 15000 斤、产值 16000 元；7 月至 10 月种植大红辣椒，每季平均亩产量 5000 斤、产值 10000 元；每年种植三季蔬菜可实现亩产值约 31000 元，亩产净利润不低于 10000 元。天柱县大力推进优质稻鱼综合种养模式，衍生出了"稻＋鱼、稻＋鳖、稻＋蟹、稻＋蛙"等多种"稻＋"生态种养模式，大幅度提高稻田综合效益，亩产值均达到 8000 元以上。

（九）毕节市

大方县八堡乡因地制宜引导和鼓励群众种植小蒜、辣椒、莲藕等蔬菜以及精养小龙虾、鱼类等。目前，坝区农业覆盖农户 2623 户近万人，累计年产值 2000 余万元，成为当地群众主要收入来源，有效带动村民增收致富，推动农村乡村振兴。赫章县松林坡乡踏土村窝皮寸坝区依托得天独厚的冷凉气候优势，引进贵州新农汇生态农业发展有限公司，种植多季香葱，综合效益和样板效应显著，辐射带动毕节全市 3.62 万亩香葱种植。

威宁县的自然、气候、生产和生态条件有利于蔬菜生产，因此该县因地制宜发展了 40 万亩高山冷凉蔬菜助农脱贫。金沙县平坝镇因地制宜调整产业结构，引进有市场、有订单的龙头企业贵州农抬头食品有限公司与村集体经济股份合作社合作发展商品蔬菜，采取"龙头企业＋合作社＋农户"的发展模式，通过订单种植、合同收购、土地流转、入股分红、务工收入等实现建档立卡贫困户利益联结全覆盖，贫困户除获得土地流转费和务工收入，还能在合作社的收益中参与分红。

第四节 培育经营主体，带动坝区产业发展

一、经营主体对农业发展的作用

现代农业包括农业经营体系与农业产业体系、农业生产体系等要素，培育多元化新型农业经营主体是构建现代农业经营体系的突破口。农业经营主体是指直接或者间接从事农产品生产、加工、销售和服务的任何个人和组织，主要包括小规模农户、家庭农场、专业合作社、龙头企业、农业社会化服务组织等。各类经营主体所起作用有所差异，但相互协调，共同推动农业产业发展。

小规模农户经营与家庭联产承包责任制紧密结合，是我国农业主要的经营方式，在农业产业方面发挥保障粮食安全、分散农业生产风险、维护农业环境可持续等作用，但在农业生产的过程改进、效率提高、效益提升等方面存在短板。在小规模散户经营的基础之上，家庭农场易于形成，并主要继承了小农户经营在农业生产中的作用和分工，但需要对小规模散户的土地、人力和资金等资源进行初步整合，生产效率有一定提高，家庭经营、规模适度、一业为主、集约生产是其主要特征。除了整合生产资料，农业产业的发展还要求实现对劳动者等人力资源的整合，专业合作社能高效整合农业生产人力资源，同时具备传统农户和新型主体的典型特征，既生产又服务，引导成员相互监督提升质量安全，把分散型经营主体组织起来对接市场，发挥在农产品生产销售等方面的特殊优势，改善产业

人员生产效率、生产效果和收入水平。

农业产业现代化依赖于与外部市场的深度衔接，龙头企业能集成资金、技术、人才、管理等先进生产要素，发挥加工、仓储、物流、营销等方面优势，形成完善的产业链条，跨区域整合开发利用农业资源，在特色农产品生产、品牌打造、跨区域布局、全产业链发展中具备潜力。农业产业发展需要农业社会化服务作为重要保障。农业生产上下游配套服务公司等社会化服务组织，拥有专业人员、专用设施、营销网络，能为农业生产经营各环节提供个性化服务，为专业化分工的社会化大生产、各类资源配置、农业做大做强提供支撑。

二、经营主体发展现状及需求

（一）经营主体发展现状

我国有 2.6 亿农户，其中，中小规模农户 2.3 亿，耕地低于 10 亩的小规模农户 2.1 亿户，家庭农场超过 100 万家，合作社 220 余万家，农民合作社联合社 1 万家，农民合作社成员 6600 余万个，辐射带动全国一半农户。小农户数量占农业经营户的 98%，小农户从业人员占农业从业人员的 90%，小农户经营耕地面积占总耕地面积的比重超过 70%。农民合作社成员以农民为主体，普通农户成员占比 95.4%。转入农民合作社的承包耕地占到土地流转总面积近 1/4。我国县级以上龙头企业 8.7 万家，其中，国家级龙头企业 1242 家，8000 家年销售收入超过 1 亿元，70 家年销售收入超过 100 亿元，农产品加工业固定资产投资累计达到 4 万亿元，主营业务年收入超过 22 万亿元。我国农业社会化服务组织数量超 90 万个，农业生产托管服务面积超 16 亿亩次，其中，服务粮食作物面积超 9 亿亩次，服务带动小农户 7000 多万户，通过集中采购、机械化作业、农业生产托管节约了生产成本。

贵州省农业经营户 739.54 万户，其中，规模经营户 3.93 万户，农民专业合作社 6.46 万户。县级以上农业龙头企业 4178 家，其中，省级龙头企业 951 家。全国及贵州省都存在农业经营主体构成不合理、中小规模农户比例过高、经营主体有待培育壮大、经营主体带动能力有待提升的共性特点。

（二）经营主体发展需求

1. 相关利益联结机制有待完善

农业产业发展是一项庞杂的系统工程，要求充分整合相关生产材料，更要求充分整合劳动力资源。生产材料的整合相对容易，劳动力资源的整合要求更高，依赖于构建一套稳定长效的利益联结机制，将农民、不同类型经营主体、政府联结到一起，共同推动农业发展。但目前，部分地方尚未形成"风险共担、利益共享"的利益联结机制，甚至出现对农业发展相关资源的相互竞争，影响各方参与农业发展的积极性。有必要探讨如何综合运用政策、经济、文化等杠杆，充分整合农业发展劳动力资源，在相关方之间形成稳定长效的利益联结机制，为经营主体发展提供良好的外部基础条件，促进农业产业健康发展。

2. 相关基础设施建设配套政策有待完善

经营主体发展生产必要以水、电、路、生产设施等基础设施配套为前提，基础设施建设资金投入量大，往往超出大多数经营主体的承受能力，但基础设施配套不齐也会严重影响经营主体的竞争力甚至生存能力。目前，财政支持政策主要针对农户分散生产以及农田水利、农村道路等为主，针对经营主体所需的其他生产性基础设施的支持还有待加强。在发展农业过程中，有必要探讨如何综合运用政策、资金等手段，激励和支持经营主体提升生产配套的基础设施建设水平，从而提高经营主体竞争能力，促进农业产业发展。

3.相关农业保险亟待完善

经营主体时刻面对生产性风险和市场性风险，生产性风险与自然灾害等密切相关，市场性风险受宏观经济环境影响，尤其受市场价格影响。生产性风险和市场性风险都会影响企业的生产和发展。部分农民自发成立的合作社抵抗市场风险能力较弱，在市场竞争面前，尚未形成一定规模就遭淘汰。农业保险能缓解上述两类风险，但目前我国农业保险发展较为缓慢，农业保险法律不健全、保险覆盖面窄、财政补贴少、保障水平低，农业保险范围、补贴标准、如何参保等方面都有待进一步完善，不能满足农业经营主体的发展需要。另一方面，普通群众对农业保险相关知识知之甚少，宣传引导力度有待进一步加强。在发展产业的过程中，有必要探讨如何激励保险行业完善农业保险，引导经营主体运用农业保险提高自身抗风险能力，稳步发展壮大，推动农业产业发展。

4.相关农业信贷担保有待发展

经营主体扩大生产规模依赖资金投入，经营主体的壮大会增大对农业生产融资需求。但目前，涉农贷款供给失衡，约束性条件过多、经营主体资金筹措困难的问题较为突出。另外，中小规模经营主体缺乏可抵押物且财务管理水平落后，不利于金融机构开展财产评估，其整体经济效益较差、盈利能力不强，偿债能力弱。据统计，大多数农业经营主体在生产资金获得方面仍然面临着较强的约束，47%的农业专业大户、59%的农民专业合作社、57%的农业企业存在资金筹措困难，授信担保难、手续繁琐、隐性费用高等是主要原因；相对于非龙头企业，龙头企业资金需求普遍较大，58%的龙头企业面临融资渠道少、融资成本高等问题，已经对企业经营形成约束。在发展产业的过程中，有必要探讨如何满足农业主体的信贷担保和融资需求，提高农业经营主体提高生产质量、提升生产规模的能力，培育壮大经营主体，推动农业产业发展。

5. 相关科技及人才支撑有待加强

农业经营主体人才储备整体相对不足，科技支撑对经营主体发展的支撑作用整体并不明显，科技研发尚未具备核心竞争力。我国大多数农民合作社目前仍在初级发展阶段，合作社领导人员文化素质整体不高，缺乏发展壮大合作社长远眼光和能力，成功整合现代设备、科技、人才和管理运营的合作社不多，未形成示范和带动效益。个性化科技服务不足可能成为经营主体延伸产业链的制约因素，目前我国经营主体规模总体较小、科技含量不高、产业链延伸不足，部分地区农产品加工率仅为40%，而这一比例在我国先进地区为70%，在美国等发达国家为90%。现有农产品加工大多为初级加工，难以有效提升农产品附加值。产业链无法延伸会进一步制约上下游相关产业的发展，土地流转中介服务、农业技术推广服务、动植物疫病防治服务等农业现代化必备的支持与服务体系的构建会更加艰难，延缓农业现代化的进程。此外，经营主体经营者中有近80%超过40岁、1/3超过50岁。农业产业发展过程中，有必要探讨如何加强经营主体科技意识，提升经营主体的青年人才储备，促进农业可持续发展。

6.部分配套政策的设计和实施有待优化

部分支农政策由部门下达，存在条块分割，存在与实际工作需求的偏差，各项政策之间整合性、衔接性、灵活性有待加强。例如，中草药专业合作社如果经营的是特种农产品，可能在注册登记、生产许可、产品监测等方面都遇到各种困难。部分配套政策经过的中间层次和环节过多，导致政策执行中的寻租现象，政策实施成本较高，具有明显的时滞性，影响政策效率。农业产业发展过程中，有必要探讨如何优化涉农政策环境，进而培育经营主体，发展农业产业。

三、多举措培育坝区经营主体

党的十八大提出，坚持和完善农村基本经营制度，发展农民专业合作和股份合作，培育新型经营主体，构建集约化、专业化、组织化、社会化相结合的新型农业经营体系。新形势下，贵州省认真贯彻落实十八大精神，培育壮大新型经营主体，推动坝区农业向更高、更广领域发展。贵州省引导资本、科技、人才、信息等现代要素进入坝区，培育农业农村发展新动能。巩固和推广"龙头企业＋合作社＋农户"组织方式，强化新型农业经营主体培育，构建坝区产业发展共同体，实现坝区新型农业经营主体全覆盖。用好东西部扶贫协作和产业合作机遇，围绕坝区主导产业链条缺失或薄弱环节，开展精准招商。加大新型农业经营主体扶持力度，创新投融资机制，培育壮大坝区龙头企业，引导国有农投公司深度参与坝区产业发展。新增引进和培育具有较强竞争力和带动能力的龙头企业。推广"村社合一"成功经验，切实增强合作社经营管理能力，发挥好合作社带动作用。加强农业社会化服务，探索面向坝区开展土地托管、代耕代种、农技推广、冷藏保鲜、冷链运输、市场信息等农业生产性服务。

贵州省加强政策扶持。各级各有关单位要强化担当作为，加大对坝区的资金、人才、技术等支持力度，形成推动坝区农业产业结构调整的整体合力。积极落实《省人民政府办公厅关于支持新型农业经营主体推进 500 亩以上坝区农业产业发展的意见》（黔府办发〔2019〕4 号）及有关实施办法和细则，重点抓好基础设施建设奖补、产值奖补和政策性保险支持。加强各类涉农资金整合，搭建投融资平台，建立多元化、多渠道的投融资机制，引导金融资金、社会资金投入坝区建设发展。

针对经营主体在相关基础设施建设、农业保险投保、生产资金筹措等方面的需求，贵州省从产值奖补、基础设施建设奖补、政策性农业保险、农业信贷担保、其他配套政策等方面重点发力，培育壮大经营主体。

（一）坝区产值奖补培育经营主体

2019 年，省政府办公厅印发《省人民政府办公厅关于支持新型农业经营主体推进 500 亩以上坝区农业产业发展的意见》（黔府办发〔2019〕4 号），对全省坡度小于 6 度、面积 500 亩以上的坝区开展规模化发展、标准化生产、产业化经营的新型农业经营主体（农业产业化龙头企业和农民合作社）给予产值奖补。鼓励进行农业结构调整，发展综合种养。以产值为导向，年平均亩产值在 8000 元（含 8000 元）以上不足 12000 元的，每亩补助 1000 元；12000 元（含 12000 元）以上不足 20000 元的，每亩补助 1200 元；20000 元（含 20000 元）以上的每亩补助 1400 元。奖补资金主要用于农产品生产、加工、销售等环节的补助补贴、投融资风险奖补以及生产所需的技术培训等。原则上实行"绩效奖补"方式，奖补标准额度根据项目投资完成情况确定，省对县的补助实行总额控制。

（二）坝区基础设施建设奖补培育经营主体

《省人民政府办公厅关于支持新型农业经营主体推进 500 亩以上坝区农业产业发展的意见》对全省坡度小于 6 度、面积 500 亩以上的坝区开展规模化发展、标准化生产、产业化经营的新型农业经营主体（农业产业化龙头企业和农民合作社）给予基础设施建设奖补。建设内容：根据产业覆盖区域的农田基础、地形条件等合理确定建设内容，主要包括土地平整工程、灌溉与排水工程、田间道路工程和其他工程四大类。补助标准：原则上未实施过各级财政投入的农田建设项目，平均每亩财政资金补助不超过 3000 元；属于填平补齐、提升改造的农田建设项目，平均每亩财政资金补助不超过 2000 元。

（三）坝区政策性农业保险培育经营主体

《省人民政府办公厅关于支持新型农业经营主体推进500亩以上坝区农业产业发展的意见》对全省坡度小于6度、面积500亩以上的坝区开展规模化发展、标准化生产、产业化经营的新型农业经营主体（农业产业化龙头企业和农民合作社）给予政策性农业保险支持。按照"有灾保成本、无灾保收益"和"自愿参保"的原则，实施组合式农业保险支持，有效防范生产性和市场性风险。保险对象为参与坝区产业结构调整的新型农业经营主体，保险标的包括蔬菜、茶叶、中药材、食用菌、优质粮油作物等高效经济作物。属于中央财政补贴险种范围的，保险费率按照现行标准执行；属于省级政策性险种范围的，保险费率不超过8%，省级财政承担50%，市级财政承担10%，县级财政承担10%，新型农业经营主体自缴30%；属于地方特色保险范围的，通过"以奖代补"方式给予补贴，在市县财政至少补贴30%的基础上，省级财政奖补不超过实缴保费的50%。

（四）坝区农业信贷担保培育经营主体

贵州省统筹省、市、县三级政策性担保机构形成联保体，采取"4321"风险分担方式，为从事坝区农业产业的新型经营主体提供最长不超过5年（60个月）的农业信贷担保，单户在10万—300万元之间，单个经营主体不超过1000万元。

（五）坝区配套保障政策培育经营主体

《省人民政府办公厅关于支持新型农业经营主体推进500亩以上坝区农业产业发展的意见》对全省坡度小于6度、面积500亩以上的坝区开展规模化发展、标准化生产、产业化经营的新型农业经营主体（农业产业化龙头企业和农民合作社）给予其他配套优惠性政策。对在农田旁建设的产地预冷库，享受农业生产用电价格；对整车合法装载运输鲜活农产品的冷藏车辆，符合《鲜活农产品品种目录》有关要求的按规定免收高速公路通行费（鲜活畜禽产品除外）；优先保障新建冷链设施用地；农产品冷链设施建设项目土地出让金，按所在区域工业用地最低价标准执行。

（六）严守奖补程序优化坝区经营主体发展环境

贵州省坝区建设新型农业经营主体申报奖补建设内容，经县级审核，经县级人民政府同意后报市级农业部门，市级组织评审通过后报省级备案，基础设施由市级验收，产值奖补由统计部门核定，保险补助由农业、财政、保险部门核定，通过验收、核定的，兑现奖补资金到县。

四、坝区经营主体带动产业发展

在相关政策及措施支撑下，经营主体数量增加、规模扩大。在经营主体的参与和带动下，坝区农业生产基础设施条件改善，农业生产风险降低，种植面积扩大，农民收入增加。

（一）经营主体数量增加规模扩大

经营主体培育措施实施下，贵州省坝区经营主体呈现数量增加规模增大的特点。贵州全省坝区 2019 年县级以上龙头企业 1377 家、合作社 4051 家，相对 2018 年分别增加 458 家、543 家，"龙头企业＋合作社＋农户"组织方式和"村社合一"成功经验得以推广，有效促进坝区土地流转和规模经营，全省坝区土地流转率48%，比上年增长15.5个百分点。

安顺市坝区内县级以上龙头企业、合作社从2018年的107家、553家分别发展到2019年9月的131家、620家。铜仁市参与建设500亩以上坝区农业产业结构调整的经营主体共有706家，其中，龙头企业145家（省级25家、市级56家、县级64家；国有16家、民营129家）、农民专业合作社561。遵义市组建遵辣集团、遵茶集团和遵义供销集团辣椒产业发展公司，2019年新增国家级龙头企业1家、省级龙头企业16家、市级龙头企业50家，市级以上农业产业化龙头企业达746家，全市农民专业合作社累计达8069个，实现100%的贫困村组建合作社。黔南州培育农业专业合作社348家、家庭农场和种植养殖大户103家，引进江楠集团、贵阳农投集团、桂林力源粮油等200家县级以上龙头企业入驻坝区，组建黔南农业投资发展有限责任公司，推动国有平台公司和供销系统向农业实体化转型，已有4家平台公司投资发展茭白产业。铜仁市扶持了一批适度规模经营、资源要素聚集、一二三产业融合、与"互联网+"深度融合的农业龙头企业和农民合作社。

仁怀市引进贵州茅台流域东升农场有限公司、仁怀市福来米业有限公司等8家县级以上龙头企业，发展仁怀市专业合作社、仁怀市农兴果蔬种植专业合作社等7家农民专业合作社。松桃县围绕坝区主导产业链条缺失和薄弱环节，重点支持松桃东云农业、松桃净山元一、明康果业、桃源香菇、铭晟农业、贵州联民农业、贵州泓黔农业等企业发挥辐射带动作用，引进和培育4家以上具有较强竞争力和带动能力的龙头企业。贵定县大力培育壮大苗姑娘、贵州天珑、中央厨房等88家县级以上龙头企业，2020年1月至9月，新引进坝区农业项目13个，签约金额3.54亿元。平坝区塘约村引导设立劳务输出公司、建筑公司、运输公司等。播州区团结村引导成立太阴山、七合缘、绿润康等种养殖专业合作社，助力返乡人员打造"小飞跑山鸡"品牌。

（二）经营主体参与完善坝区产业基础设施条件

2019年，在坝区新型经营主体的带动下，贵州省整治坝区农用土地49.4万亩，建设田间生产道路2万公里、大棚5621万平方米、冷库库容19.8万吨，配置冷链运输车辆276台，提高坝区水电路、仓储物流、市场信息水平。2020年，贵州省经县级和市级审核后上报至省级的基础设施奖补项目171个，覆盖36个县、167个坝区、97个经营主体，项目区面积24.94万亩，占全省坝区总面积的6.1%。截至2021年8月，全省坝区累计完成土地平整80万亩，修建田间道路2.48万公里、排灌沟渠1.36万公里，设施大棚7371.6万平方米，拥有冷链运输车辆411台，冷库67.69万立方米。

安顺市在坝区经营主体参与下，完善坝区沟渠、田间道路、设施大棚、冷库等基础设施建设，开展土地整治，2018年至2019年累计流转（入股）土地面积37.1万亩，建成样板坝区12个、达标坝区54个。铜仁市结合特色优势产业布局规划，引导经营主体提升500亩以上坝区农业基础设施建设。黔南州创建样板坝区15个、达标坝区94个，多家经营主体申报基础设施奖补，覆盖46个坝区 5.41 万亩耕地以及奖补 10052 万元。遵义市在坝区经营主体参与下，以 500 亩以上坝区产业结构调整为重点，建成 102 个农业产业基地，56 个规模化蔬菜种植基地（200 亩以上），包括辣椒规模化种植基地 22 个。播州区团结村在经营主体参与下，完善坝区基础设施，公路硬化近百公里，水、电全覆盖，通讯信号覆盖 90%。

（三）经营主体助力降低坝区产业风险

近年来，贵州省保险业围绕 12 个主导产业和 500 亩以上坝区农业产业，贵州各地、各部门、各经办机构不断扩大保障覆盖面和保障范围，开办农业保险品种 77 个，基本覆盖农业主要产业。贵州对 9 个中央政策性险种"降费、提标"，包括水稻、小麦、玉米、马铃薯、甘蔗、能繁母猪、育肥猪、奶牛、公益林、商品林等。保险费率最大降幅 38%，保额最大增幅 60%。例如，2019 年至 2020 年，能繁母猪保额由 1200 增至 1500 元 / 头，蔬菜、茶叶、生态家禽先后纳为中央财政奖补试点险种，加大财政对 12 个农业特色优势产业的补贴支持力度。保险资金使用方式不断创新，采用"农业保险 + 保险资金支农融资"模式为种养殖、农产品加工企业融资 1.21 亿元。例如，2019 年 4 月，贞丰县部分地区发生冰雹灾害，保险机构就承保的李子种植保险向 2067 户受灾农户支付赔款 1067.64 万元，赔款金额是保费收入的 5 倍。

2019 年 1 月至 11 月，提供风险保障 1725 亿元，惠及全省 644 万户次农户，保障金额同比增加 12.47%；支付赔款 7 亿元，惠及 36.72 万户次农户，支付金额同比增加 45.19%。坝区农作物总保费 9.3 亿元，参保面积 184 万亩，其中，理赔面积 10.5 万亩，赔付金额 2.2 亿元。2020 年，全省政策性农业保险保费收入 16.34 亿元，同比增长 27.32%，累计提供风险保障 1922.52 亿元，惠及 802.3 万户次农户及各类农业生产组织，累计支付赔款 8.77 亿元，惠及 32.82 万户次投保农户，赔付金额同比增长 8.65%，其中，12 个农业特色优势产业保险实现保费收入 9.81 亿元，累计支付赔款 7.52 亿元，惠及 14.5 万户次农户。

安顺市经营主体农业保险的参保目标价格指数保险 41193 亩，自然损失保险 306543 亩，气象指数保险 2219 亩，总保费 1178 万元，理赔面积 44778 亩，金额 178 万元。此外，贵州省经营主体积极探索，通过各种途径推动降低坝区产业风险。安顺市多家重点农产品企业、合作社积极争取，与近 400 所学校签订营养餐供货销售合同。贵定县探索推进"龙头企业＋合作社＋基地＋农户"等经营模式，企业和农户益共享、风险共担，成为经济利益共同体，坝区直供院校、商超月均销售 20 吨以上农产品。平坝区塘约村经营主体积极参与探索"3+X"信贷模式，提升农信社、合作社、农户之间的利益联结与风险共担机制，争取"金土地贷"等信贷支持，农村经济组织、公司、合作社、农户等各类主体通过土地承包经营权、林权、小型水利工程产权和房屋所有权等抵押，争取担保贷款，降低产业运行风险。

（四）经营主体推动坝区产业做大做强

2019 年，在坝区新型经营主体的带动下，贵州省坝区农作物种植面积（含复种）563 万亩，其中，经济作物 318 万亩、优质粮油作物 224 万亩、"稻 + 鱼（虾、蟹等）" 22 万亩。经济作物中，蔬菜 165 万亩、辣椒 29 万亩、食用菌 5 万亩、草本中药材 15 万亩、优质烟叶 20 万亩，相对 2018 年产量分别增长 50%、21%、58%、55%、19%。

遵义市在坝区农业主体参与下，大力发展坝区蔬菜、辣椒等精细化产业，规模种植产业面积 2.28 万亩，其中，辣椒产业面积 0.59 万亩，积极推进世界辣椒加工贸易基地建设，常态发布遵义朝天椒价格指数，建成国家级辣椒检验检测中心，荣获"世界辣椒之都"美誉，形成"中国辣椒、虾子定价、全球采购"的格局。黔南州在经营主体深度参与下，截至 2019 年，320 个坝区实施产业结构，调整面积 61.5 万亩，49 个坝区 4.39 万亩经营耕地面积的 52 家经营主体获资格申报坝区产值奖补 4837.24 万元。安顺市在经营主体参与下，重点发展优质粮油、蔬菜、辣椒、中药材等产业，韭黄、山药、大葱等产业"无中生有、从有到优、转优变强"。截至 2019 年，铜仁市仅食用菌产量达到 3.4 万吨、产值实现 3.15 亿元。

松桃县 58 个坝区的经营主体参与发展蔬菜、水稻、油菜、中药材、食用菌、百香果以及其它经济作物的种植，实现农业产业提质增效。贵定县经营主体争取获得 1.2 万亩蔬菜地产品的订单，2020 年上半年，农产品县外销售总量 2607 吨，销售总额达 4299 万元，电商农特产品销售额达 1309 万元。仁怀市经营主体主动对接企业、学校、超市等建立产销网络，蔬菜、茶叶等农产品远销上海、广州、深圳、香港等地。播州区团结村经营主体积极参

与、种养殖生猪 8300 头、肉牛 2500 头、蜂 1000 余箱、瓜蒌 450
亩、方竹 1800 亩、水果 5650 亩，发展水稻、辣椒、高粱 4400 亩，
培育方竹 5000 亩、脆红李 3500 亩、瓜蒌 450 亩、辣椒 200 亩等
产业基地。

（五）经营主体带动产业农民增收

2019 年，贵州省坝区以全省 7.2% 的耕地面积创造了全省 15%
的种植业产值，亩均产值达到全省平均水平的 2.1 倍。新型经营主
体与农户形成利益联结，推动坝区集体产权制度改革和"三变"
改革，引导小农户参与发展现代农业，新型经营主体带动 238 万
名农民增收，其中贫困人口 56 万。2019 年全省坝区农民人均可支
配收入比全省平均水平高 28% 以上，其中，花溪区黔陶坝区、湄
潭县官堰坝区、习水县同民坝区、镇远县龙塘坝区等平均亩产值达
7500 元以上。

2019 年，安顺市坝区内县级以上龙头企业 131 家、合作社达 620
家，带动农民 258223 人，其中贫困人口 65278 人，分红总金额 3593
万元，涉及农村人口 37389 人。截至 2019 年，铜仁市通过坝区经营
主体直接带动坝区群众 18.15 万人增收，其中贫困人口 4.67 万人。
黔南州坝区平均亩产值达 7482 元，同比增加 2959 元；坝区总产值
完成 45.57 亿元，坝区农民人均可支配收入达 12864 元，同比增加
1521 元，增幅 11.8%。贵定县引进的贵州红桐农旅开发有限公司通
过"企业以资金技术入股，农民以土地入股"的方式，与"村社
合一"社农户建立利益联结机制，探索出"541"（产业基地产生
受益后按农户占 50%，企业占 40%，"村社合一"社占 10% 的比例

分红）发展模式，实现企业、合作社、农户利益共享。平坝区塘约村各类经营主体共同发力，使村集体经济从最初的不足4万元增加至180万元，人均纯收入达10030元。播州区团结村各类经营主体带动村集体经济2019年总积累2189万元，村民可支配收入达1.08万元，带动全村1762名贫困人口脱贫，多数贫困户人均收入超过5000元。平坝区塘约村"金土地"合作社参与"村社一体、合股联营"，构建"党总支+合作社+公司+农户"发展模式，村民以土地、资金入股合作社，合作社、村集体、村民按3∶3∶4分配利润收益。

第五节　绿色引领，健全完善利益联结机制

一、我国发展绿色农业的背景

绿色发展是一种新型发展机制，它是在传统经济发展模式基础上产生的，它要求在不超出生态环境容量和资源承载力的条件下，将资源要素整合达到遵循社会经济发展规律的目的，将"绿色理念"贯穿整个产业过程，保障人与自然的协调、可持续发展，同时实现经济增长。绿色发展理论在农业中的实践就是农业绿色发展。农业作为国民经济的基础，面临突出的问题是资源约束和环境污染。长期以来，以资源过度消耗为代价使农业生产力不断提高；以此同时，化肥和农药使用过量，畜禽粪污乱排乱放，农业生产性废

弃物不当处等造成的环境污染和生态退化不断加重。高投入、低产出、低效率的农业生产方式面临的挑战越来越严峻。实现农业绿色发展，发展环境友好型农业已成为促进农业健康发展的必由之路，是探索新型农业现代化道路的必然选择。

二、国家对农业绿色发展的指导方针

党的十八大以来，我国农业绿色发展理论发展与实践不断深入。2017年"中央一号文件"提出农业绿色生产方式，增强农业可持续发展能力。《关于创新体制机制推进农业绿色发展的意见》要求加快推进农业供给侧结构性改革，加快促进农业绿色发展。农业绿色发展在党的十九大报告中被上升为国家战略，明确农业绿色发展对保障国家食物安全、生态安全和资源安全的作用。在农业实践中，随着"绿水青山就是金山银山""宁要绿水青山，不要金山银山"等绿色发展理念不断深入人心，农业农村改革方向已转变为农业绿色发展。国家《乡村振兴战略规划（2018—2022年）》明确提出，以生态友好、资源永续利用为导向，加快推动形成农业绿色生产方式，实现投入品减量化、生产清洁化、废弃物资源化、产业模式生态化，提高农业可持续发展能力，规划关于农业绿色发展的具体安排如下：

（一）强化资源保护与节约利用

实施国家农业节水行动，建设节水型乡村。逐步明晰农业水权，推进农业水价改革，建立节水补贴和奖励机制。推进农业灌溉用水定额管理和总量控制，建立健全农业节水长效机制和政策体系。实施农用地分类管理，加大优先保护类耕地的保护力度。严格控制未利用地开垦，落实和完善耕地占补平衡制度。降低耕地开发强度，制定轮作休耕规划，扩大轮作休耕制度试点。加大动植物种质资源保护，推进种质资源收集、保存、鉴定和利用。强化渔业资源管控与养护，实施海洋渔船"双控"制度和渔业资源总量管理，建设水生生物保护区、海洋牧场，科学划定江河湖海限捕、禁捕区域。

（二）推进农业清洁生产

加强农业投入品规范化管理，健全投入品追溯系统，推进化肥农药减量施用，完善农药风险评估技术标准体系，严格饲料质量安全管理。建立农村有机废弃物收集、转化和安全利用网络体系，加快推进种养循环一体化，深入实施秸秆禁烧和综合利用制度，加快推进农林产品加工废弃物资源化利用，开展整县推进畜禽粪污资源化利用试点。推进废旧地膜等废弃物回收处理。推行水产健康养殖，严格控制河流湖库、近岸海域投饵网箱养殖，加大近海滩涂养殖环境治理力度。修复和完善生态廊道，探索林牧渔融合循环发展模式，恢复田间生物群落和生态链，加快建设健康田园生态系统。

（三）集中治理农业环境突出问题

深入实施土壤污染防治行动计划，积极开展土壤污染状况详查，积极推进重金属污染耕地等受污染耕地分类管理和安全利用，有序推进治理与修复。加强农业面源污染综合防治，加强矿区污染综合整治，控制地表水过度利用区和地下水漏斗区用水总量，加大地下水超采治理。建立环境监测体系，严格工业和城镇污染处理和达标排放，推动环境监测和执法向农村延伸，强化长效执法监管制度建设，严禁未经达标处理的城镇污水等污染物进入农业农村。

（四）五项农业绿色发展行动

1. 节水行动

将农业用水总量指标分解到各灌区，加强节水灌溉工程与农机、农艺、生物等措施的集成与融合。加强灌溉试验站建设和灌溉试验，制定不同区域、不同作物灌溉用水定额。全国节水灌溉面积将达到 6.5 亿亩，中高效节水灌溉面积将达到 4 亿亩。

2. 水生生物保护行动

引导和支持渔民转产转业，渔船控制目标将列入地方政府和有关部门约束性考核指标。在长江流域建立重点水域禁捕补偿制度，率先在水生生物保护区实现禁捕。清理整治涉渔"三无"船舶和"绝户网"。形成覆盖内陆主要江河湖泊和各海区的水生生物养护体系，实施珍稀濒危物种拯救行动。

3. 废弃物资源化利用

在种养密集区域，探索整县推进畜禽粪污、病死畜禽、秸秆、农村垃圾和农田残膜等废弃物资源化利用的道路。集中支持 500 个左右养殖大县开展整县推进畜禽粪污资源化利用试点，使全国畜禽粪污综合利用率提高到 75% 以上。

4. 绿色生产行动

强化统防统治和绿色防控，集成推广测土配方施肥、水肥一体化以及机械深施等施肥模式。集成应用全程农药减量增效技术，使主要农作物化肥与农药利用率达到 40％以上，覆盖所有批准使用的农兽药品种和相应农产品，制定农兽药残留限量标准总数达到1.2 万项。

三、农业绿色发展系统

农业绿色发展要求以生产过程清洁化、产品绿色化和产业集聚化为基本原则，在确保农产品安全、资源安全以及生态安全的前提下，采用先进的农业科学技术和现代化的农业经营理念，使资源配置效率得以提高，提高农业综合效益，最终实现农业高质量发展。社会经济稳定进步和人类永续生存繁衍的必要条件和根本保障是农业绿色发展。

农业绿色发展系统要求在传统农业发展方式中融入绿色基因，是农业生产、生态以及经济 3 个子系统之间的物质、能量、信息交互传递的过程集合体。研究 3 个子系统之间的协同关系，使农业生产系统能为社会经济系统供给足够的绿色农产品，关注社会经济系统能否为农业生产系统提供充分的绿色生产要素，关注农业生态系统能有效抵御来自农业生产和社会经济的外部环境因子干扰。只有打通生产、生态、经济 3 个子系统之间的所有物质和能量流动路径，才能促进农业生态更优美、农业生产更高效以及农村社会更和谐，进而高效推进农业高质量发展。

从整体来看，要使农业绿色发展系统具备一个完整的支撑体系，需产业、技术、管理以及政策 4 个体系以纵向互补、横向共生和系统耦合的方式形成相互依赖、协同作用的网状农业系统。

（一）产业体系

农业绿色发展系统的产业体系建立的基础是农村一、二、三产业融合发展，通过促进农村三大产业之间的优化重组、整合集成和交叉互渗，使得绿色产业功能增多、绿色产业范围不断拓展、绿色产业链延伸，绿色农产品规模扩大，绿色产业集聚加强，生成绿色新技术、新业态、新商业模式以及新空间布局，最终实现农业全产业发展方式绿色转型、农业产值增长及市场竞争力的提升。

（二）技术体系

先进的农业科学技术及其集成的物质装备是农业绿色发展系统的技术体系存在的前提。具体而言，技术体系包括资源高效利用技术、农业投入品替代与减量化施用技术以及农业绿色产业链延伸技术等。资源高效利用技术涵盖农业生产性废弃物、畜禽粪污、农产品加工副产品等资源化利用以及节水、节地技术等；减量化技术主要是指能够带来化肥、农药等化学品使用减量化的技术；云计算、物联网等为绿色产业链延伸提供平台，工程、信息和生物等高新技术的支持绿色产业链延伸，同时为产业链向价值链的转化提供了保证。农业发展方式在农业产业全环节的技术绿色化推动下彻底变革，推动了农业绿色发展系统的优化与完善。

（三）经营体系

绿色管理体系特指绿色化的实施主体及其对发展过程的管理控制，使小农户与现代农业的有机衔接，降低农业绿色生产的成本，提高农业经营的组织化水平。三种路径让小农户更加契合现代农业的发展：一是增强新型经营主体对小农户的带动作用，强化新型经营主体向小农户提供社会化服务的政策倾斜；二是引导小农户升级为新型经营主体，落实扶持小农户和现代农业发展有机衔接的政策；三是建立小农户和新型农业经营主体的利益纽带关系，鼓励小农户投资新型农业经营主体，增强小农户和现代农业发展有机衔接的内在激励。在经营管理环节，加快推进绿色产业的规模化，培育绿色农产品加工龙头企业，降低农业绿色产业经营成本，挖掘全产业链条上的规模效益。

（四）政策体系

政策体系为农业绿色转型过程中的生产经营及后续产业发展提供精准的政策保障。政策体系有四方面的内容：一是促进绿色农业科技创新的技术支持办法，包括对新技术的研究开发、试验推广、生产应用以及扩散等各环节的政策或资金支持；二是激励生产者进行农业环境保护的生态补偿制度，尤其是涉及农业生态工程的各种补偿，包括水资源保护、耕地保护、化肥以及农药减施等补偿；三是保障农村土地经营制度改革的法律法规，即通过稳定农户承包权、落实集体所有权和放活土地经营权来推进"三权分置"的支持；四是鼓励企业从事绿色产业经营和产业绿色化转变的政策措施。通过不断建设和完善农业绿色发展政策体系，推动农业绿色发展体制机制，提高整个系统的协同运作效率，为农业绿色发展可持续推进提供坚实的支撑。

四、贵州省坝区农业绿色发展中的问题、思路与进展

（一）坝区农业发展中的生态环境问题

2020 年，贵州省推进坝区农业产业结构的调整取得了非常显著的效果，但尚处于刚起步的阶段，所以一些长期累积的矛盾和问题都还未得到解决。尤其是环境污染、生态破坏的问题最为突出。首先是坝区资源承载能力风险，包括水环境的承载能力（水资源是否可以满足对用水量的需求），道路交通水利等基础设施的建设对原有农业生态系统环保能力的影响，废水量对纳污河道水质的影响。再者是农业投入品中所存在的风险，包括大量使用化肥、农药、塑料薄膜等农用化学品，这些风险将会使得坝区农业的可持续发展的能力极大减弱。

（二）绿色农业发展总体思路

为了推进坝区农业产业的发展，我们以绿色发展为农业导向，积极推广高产优质高效、病虫害绿色防控、测土施肥、多熟种植、种养循环等技术，以此来创造出一批产出高效、产品安全、资源节约、环境友好的典型模板，推进坝区农作物绿色防控覆盖率、农作物秸秆综合利用率、耕种收综合机械化水平等稳步提高。同时为了提高坝区农产品知名度、美誉度和市场竞争力，我们将支持新型经营主体培育企业品牌、产品品牌和坝区公共品牌等。

（三）各地区坝区推动绿色农业的进展

1. 安顺市关岭县围绕技术服务助推坝区绿色发展

关岭县农业农村局成立 500 亩以上坝区技术服务指导组，开展

技术服务指导。大力推广能够满足市场需求的优质品种、高效肥料、绿肥聚垄、少（免）耕、完全生物降解膜覆盖栽培、秸秆还田、绿色防控、机械化耕种收等绿色生产技术。截至 2019 年末，全县样板坝区、达标坝区良种良法已完全覆盖，农作物绿色防控覆盖率平均超过一半，达到 61.6 %。

2. 铜仁地区玉屏县整县推进种养结合，促进绿色循环农业发展

在整县推进种养结合的绿色循环农业的战略实施下，从 2016 年 1 月至 2021 年 7 月，玉屏县规模化养殖场粪污资源化利用（生产沼气和有机肥）率从 25 % 提高 94 %，量为 50 万吨 / 年；粪污循环利用率（沼液还田）从 5 % 提高 57 %。采用沼气工程 + 沼液还田模式，循环利用（沼液还田）30 万吨 / 年，覆盖约 3.1 万亩农作物，包括水稻、辣椒、玉米等。

3. 黔西南州大力发展坝区优势特色生态绿色产业

（1）坝区土地与生活污染治理同步推进，根据"一坝一良策、一村一方案"的污染治理要求，统筹对两者都进行详查，完善坝区与乡村污水、垃圾处理设施，并因地制宜选择污水，以及合适的垃圾处理工艺进行处理，做到同部署、同治理、同核查。

（2）同步推进坝区土地整治与乡村环境整治，应把实施大坝土壤改良修复、农药残留治理、地膜污染防治、秸秆综合利用、畜禽粪便治理、重金属污染修复六项工程，与推进农村"三改"工程、危房改造等人居环境治理同步推进，确保坝区土地无污染，乡村环境焕然一新。

（3）同步推进坝区绿道建设与乡村绿化建设，按照"一坝一

特、一村一色"的要求，把实施坝区道路绿化与乡村绿化同步规划、同步建设。为了确保坝区绿道与乡村绿化相得益彰，在坝区绿道建设上建设一批具有地方特色的花卉或苗木；应在乡村绿化上大力建设一批特色生态林，确保坝区绿道与乡村绿化相得益彰。

五、国家对完善乡村振兴中利益联结机制的指导方针

习近平总书记在党的十九大报告中作出了中国特色社会主义进入新时代的重大论断，提出了实施乡村振兴战略的重大任务，并将"实现小农户和现代农业发展有机衔接"作为实施乡村振兴战略的基本要求之一。国家《乡村振兴发展规划2018—2022》指出，要把农民更多分享收益始终摆在第一位，创新收益分享模式，着力提高农民参与融合能力，健全联农带农有效激励机制，让农民在产业融合发展中受益。具体指导方针有以下几个方面。

（一）提高农民参与程度

激励农民以土地、林权、资金、技术、劳动、产品为核心，通过展开各种的合作与联合，依法组建农民专业合作社联合社，以此强化农民作为市场主体的平等地位。引导农村集体经济组织，挖掘集体土地、房屋、设施等资源和资产潜力，依法通过合作制、股份制、股份合作制、租赁等形式，积极参与产业融合发展。积极培育社会化服务组织，加强农技指导、保险推广、信用评价、产品营销、市场预测等服务，为农民参与产业融合创造良好条件。

（二）创新收益分享模式

积极推进"土地流转＋优先雇用＋社会保障""订单收购＋

分红""农民入股＋保底收益＋按股分红"等多种利益联结方式，让农户分享销售、加工在更多环节收益中受益。鼓励龙头企业或行业协会与家庭农场、普通农户等组织共同营销，让农户在农产品销售推介和品牌运作的情况下更多分享产业链增值收益。更加完善涉农股份合作制企业利润分配机制，清晰明确资本参与利润分配比例上限。为保证农户信贷有所担保，鼓励农业产业化龙头企业通过设立风险资金，与农民建立稳定的订单和契约关系。

（三）强化政策扶持引导

更好地发挥政府扶持资金作用，将新型农业经营主体带动农户数量和成效作为安排财政支持资金的重要参考依据，加强龙头企业、合作组织联农带农激励机制。鼓励将符合条件的财政资金，特别是量化到农村集体经济组织和农户的扶贫资金，以自愿入股方式投入新型农业经营主体中，对农户土地经营权入股部分采取特殊保护，探索实行农民负盈不负亏的分配机制。把林权、土地作为各种形式合作前提，只要是享受财政投入或政策支持的承包经营者均应成为股东方。

六、贵州坝区农业利益联结中的问题、思路与进展

（一）坝区农业利益联结中存在的问题

贵州省推进坝区农业产业结构调整方面虽然取得了显著效果，但利益联结脆弱的问题依然未解决。具体表现：一方面是分散经营的农户农业管理水平较低，另一方面是部分龙头企业或专业化合作组织的经营和管理水平较低。农户与龙头企业之间缺乏联农带

农机制的实质性内容，利益联结仅仅是局限于单纯的产品或要素买卖关系。虽然一些地方的农户和龙头企业之间建立了合同契约关系和利益联结机制，但由于诚信意识不足，加之龙头企业与众多农户之间的交易成本庞大，对龙头企业和农户的违约行为均缺乏有效的约束机制，导致农户和龙头企业双方行为都容易呈现强烈的机会主义倾向，使得农户与企业之间的利益联结形同虚设。许多地方主要依托分散经营的小规模农户推进农业结构调整，因为缺乏有效的农产品供求衔接平台，导致常规农产品"卖难"、优质农产品"买难"现象不断发生，这也使得农产品生产价格低、成本高、风险大的问题日益突出。同时，部分企业农产品加工的效益、质量和竞争力的提升往往因缺乏质量保障或原料供给不足而受到严重影响。一些地方政府把构建与农户之间的紧密型利益联结机制作为新型农业经营主体申请财政支持的前置条件，但因为疏于培育经营主体和农户之间"自愿互利"的利益联结关系，在项目实施结束后，利益联结机制缺乏可持续性。

随着乡村产业的多元化发展，新型农业经营主体与服务主体之间、农户与农户之间、农户与新型农业经营主体之间，尽管会为获取更高的预期效益，通过"订单农业""托管经营""入股分红"等形式结成利益共同体和产业共同体，但基于短期利益而形成的合作缺乏风险共担和激励相容机制，在供求变动和市场竞争冲击下，价值分配会引致逆向选择和道德风险。实践中具体表现为，存在合同的法律约束力偏弱、大量不规范的订单合同、部分经营主体素质偏低等问题，一旦受到市场价格波动等因素的冲击，他们为了维护自身利益不惜违约。同时也加剧了农户与新型农业经营主体之间利益联结的不稳定性。

（二）建立和完善利益联结机制的总体思路

全省推广"三变"改革经验，支持坝区农民以土地承包经营权、资金、技术等入股新型经营主体，鼓励集体固定资产和财政资金量化入股，广泛开展股份合作经营，实现坝区"三变"改革试点全覆盖，明确农民在坝区产业链、利益链、价值链上的环节和份额。加快农村集体产权制度改革，大力发展村级集体经济，带动更多农民增收致富。

为了能让贫困农户分享更多农业全产业链和价值链增值收益，应建立一批贫困人口参与度高的农业基地，培育一批农民专业合作社、龙头企业和种植养殖大户。探索建立"村集体经济组织＋基地＋农户（贫困户）"或者"公司＋合作社＋基地＋农户（贫困户）"的经营管理模式，以"三变"改革为统揽，鼓励农户以人力、土地等资源入股合作社，参与合作社经营建设，达到合作社和农户的利益联结，明确合作社、企业、农民在产业链、利益链中的份额，帮助贫困群众稳定获得劳动务工、订单生产、政策红利、反租倒包、入股分红等多渠道收益，让农民有盼头，让企业有赚头，实现利益"双赢"。同时，针对市场供求波动造成"谷贱伤农"现象时，应该出台农产品保护价收购政策，以保证农户以相对稳定合理的价格出售产品。

（三）各地州市建立和完善利益联结机制的进展

1.毕节地区创新利益联结

2019年底，为将小农户带入现代农业发展的道路中，毕节地区总结推广威宁县双龙镇水潮坝区"满勤考核"等创新做法，进一步激发群众内生动力，激活产业发展的资源要素；全面推广"龙头企业＋合作社＋农户"的组织方式，明晰企业、合作社、村集体和农民在产业链、利益链的环节和份额，让新型主体与农民的利益联系更加紧密、生产组织化程度更高。

2.遵义市汇川区坚持利益联结"一股绳"

汇川区牢牢把握"利益联结"这个关键，充分发挥合作社和龙头企业的带动作用，引导农户通过务工、土地入股等形式参与坝区建设和运营之中，使得群众能够通过加入村股份经济合作社获得"股金"，土地流转获得"租金"、到坝区务工获得"薪金"、真正促进农民增收。2019年底，全区共吸纳9875人务工，有9101户农户以土地入股，1820户通过反租倒包发展生产，带动贫困户1592户7564人脱贫增收。

3.安顺市关岭县围绕利益联结机制促进农户增收

2019年底，全县坝区培育合作社36家，培育县级以上龙头企业4家。通过"龙头企业＋合作社＋农户"利益联结机制，直接带动贫困农户17637人增收93万元，辐射带动农户18431人增收101万元。

4.铜仁市碧江区构建利益联结体系，破解"惠及谁"的难题

一是股份联结有红金。通过建立"企业＋合作社＋农户""集

体经济+农户"等利益联结模式,形成产业连片、村企联合、坝区连户、责任连体、股权连心格局,使农户走向富裕。当前,签订利益联结协议的农户为4207户,土地入股的金额达到1240万元,财政专项扶贫资金、扶贫小额信贷资金项目量化入股分别为305万元、280万元。二是代管联结有佣金。为坝区农业企业提供资金、技术、管理、销售支持,通过代管企业的养殖、种植项目,获取收入促进生产。三是劳务联结有薪金。全区15个超过500亩坝区完全建成后,为群众提供就业岗位超过1.5万个,人均每月务工收益3000多元, 2.5万名农户人均年增收1.5万元以上。

5.黔东南岑孔县强化利益联结,带动农户增收

一是"异地置业"模式。采取坝区带山区、强村带弱村等方式,将边远山区、无发展门路的贫困户的特惠贷资金异地入股到坝区产业发展经营的主体中去,让贫困户分享坝区结构调整红利。二是"三变"模式。引导部分企业与国有平台公司组建混合制公司,采取"公司+合作社+贫困户"模式,助推坝区结构升级发展。三是"党社联建"模式。2019年底,全县1.67万户贫困户均加入合作社,实现利益联结贫困户覆盖率100%。

第六节　市场导向，龙头企业引领发展

龙头企业是农业现代化经营的主体,对构建坝区的农业现代化

产业体系，推进坝区的农业产业现代化、生产现代化和经营现代化具有重要作用。2012年3月国务院颁布《关于支持农业产业化龙头企业发展的意见》，明确农业产业化龙头企业是构建现代化农业体系的重要主体，是推进农业产业化经营的关键。支持龙头企业发展，对于提升农业组织化程度、加速转变农业发展方式、推进现代农业建设和农民就业增收具有尤为重要的作用。意见的主要目标着重在于打造一批自主创新能力强、加工水平高、处于行业领先地位的大型龙头企业，能够对中国发展现代农业起到引领带动作用，加快提升农业现代化发展水平。2019年中央一号文件中提出发展壮大乡村产业，通过培育农业产业化龙头企业和联合体，推进现代农业产业园建设。2021年中央一号文件指出，培育农业龙头企业标准"领跑者"，支持农业产业化龙头企业创新发展、做大做强。

2018年9月，贵州省农委印发《关于抓好2018年全省秋冬种工作的指导意见》，意见指出，500亩以上坝区要进行农业产业结构调整，积极发展特色优势农产品；壮大龙头企业带头能力，大力扶持农民专业合作社发展，培育家庭农场、种粮大户等新型经营主体；强化科技支撑，提高田地科技含量。龙头企业是坝区产业发展的中流砥柱，具有重要的引领作用。

一、市场在坝区产业发展中的导向作用

社会需求的不断增长是农业优势或特色产业（产品）发展的必要条件。坝区产业发展规划必须以自然资源为基础，以市场需求为

导向。市场在坝区产业布局和发展中发挥决定性作用。在确定优势产业时，要了解产品的生产过程，生产量，销售是市场，全面认识竞争双方的优势和劣势。因此，市场需求量大和具有广阔前景的产品，才是坝区优势或特色产业（产品）选择的对象。然后通过招商引资精准引入合适的龙头企业，助推坝区农业产业的高质量可持续性发展。

二、龙头企业在坝区产业发展中的现状

（一）龙头企业的概念

龙头企业是指在某行业中，有突出贡献，且具有影响力和号召力，能起到示范和引领作用的企业。"龙头企业"是一种比喻性的称呼，通常指该行业或地区的带头企业或开拓企业，生产经营规模大、生产效益高、辐射带动能力强。农业领域的"龙头企业"可以是农产品的供应商或农产品加工厂，也可以是各个销售企业，甚至还可以村级合作社等新型经营主体。目前，我国国家级、省级、市级、区县级、一般（规模）龙头企业的认定，具有连续性和动态性，定期进行监测评估和资格认定。对于认定的龙头企业给予税收、金融和财政等方面的政策扶持。

全省解决"两不愁三保障"突出问题会议指出，要着力发展壮大龙头企业，发挥龙头企业带动作用。所谓龙头企业，就是要发挥其在"龙头企业＋合作社＋农户"组织方式中的"龙头"作用，把"龙身"和"龙尾"带动起来，带动合作社、农户发展产业，增加收入。

（二）贵州省坝区龙头企业发展现状

贵州省以坝区资源为依托，通过政府引导、龙头企业带动，推动坝区农业结构调整，将特色农产品生产、加工和乡村旅游、民族文化等有机结合，促进坝区三产融合，实行"全链条"式发展，激发产业发展活力，助推群众增收致富。在政府一系列政策的扶持下，贵州农业产业化龙头企业数量不断增多，加工能力也不断增强。2019年9月，全省坝区县级以上龙头企业已有1139家（国有农业企业158家）、合作社有4064家，实现平均亩产值5861元，超过去年全年平均亩产值约200元。2019年，贵州省新引进国家级农业龙头企业28家、同比增长211%。2020年1月15日召开的贵州省第十三届人民代表大会第三次议也明确提出2020年贵州将继续新增省级以上龙头企业100家、农民合作社省级示范社2000家，筑牢利益联结机制。

三、龙头企业在坝区产业发展中的作用

（一）农业龙头组织是农业结构调整的"领头羊"

龙头企业拥有全新的发展理念，先试先行，引领带动成千上万的农户快速完成产业结构和产品结构调整，促进传统产业发展模式向新产业新业态转变，推动一二三产业融合发展，提升农业效益。德江县按照通过引进农业龙头企业、培育壮大现有的农业大户和经营主体，对15个坝区大力实施产业结构调整，涉及坝区总面积15905亩，土地流转率达95%。创建了样板坝区1个，达标坝区6个，培育坝区经营主体34家。坝区4000亩莴笋、1000亩大蒜、

3000 亩红菜薹，预计全年可生产蔬菜 30 万亩，产量 42 万吨，产值 11.5 亿元。

（二）农业龙头组织是质量品牌建设的"主力军"

农业龙头企业通常发展理念比较先进、经营规模较大、对外联系网络相对发达、市场开拓能力较强，是推进现代农业的"开路先锋"和"主力部队"。农业龙头有能力掌握市场需求，并结合市场新需求，推动农产品品源改新换代，由低端向高端转变。龙头企业在减量化投入、清洁化生产、资源化利用，农产品质量安全追溯体系等方面具有技术优势，有利于打造特色品牌，推进农业绿色有机循环发展。就像提起茅台、老干妈就想起贵州，这就是龙头品牌的力量。

（三）农业龙头组织是提升产业链价值链的"火车头"

贵州受地形和资源的限制，产业链"粗短"，一直以来生产效益不高，农业集约化、专业化、组织化程度发展缓慢。龙头企业一般在农产品生产、加工、流通等环节具有一定的影响力，而且具有资源整合、要素集成、市场营销和拓展提升的能力，有利于延长产业链上下游，提升产业链的竞争力、供应链的协调性和价值链的效益。

农业产业化龙头企业还可以促进产业的融合发展，带动种植、养殖、农副产品加工、文化、旅游产业发展。有效推动初加工与精深加工，培育生态休闲农业品牌，建设特色全产业链，推动现代农业产业园建设。很多农业坝区龙头组织发展了"农业＋加工业""农业＋旅游业""农业＋互联网销售业"模式，推进三产业融合发展，延长、提升和扩宽产业链，带动农民发展致富。例如，毕节市积极构建了产业、生产、组织、市场"四大体系"及"一产＋二产＋三产"产业体系，大面积种植蔬菜、食用菌、香葱等经济作物，实现主导产业种植面积 23.55 万亩，同时设置加工企业 262 家，开发农产品旅游业，休闲农业经营主体 12 家，年接待游客 7.66 万人次。

（四）龙头企业是增强农业农村创新驱动能力的"领头雁"

龙头企业是协调城乡、衔接工农的骨干力量。作为行业的佼佼者，龙头企业掌握着领先的创新技术和资源，凝聚城乡创新资源、集聚城乡创新要素，是增强农业农村创新驱动能力的领航者。而且很多成功经验已经表明龙头企业通过引领和参与家庭农场、农民合作社等小型经营主体的经营，增强了家庭农场、农民合作社乃至小农户的创新能力。

（五）龙头企业是农业产业提质增效的"推动者"

过去农业基础薄弱、技术不配套，制约了产业发展。龙头企业技术一流，实施规范化种植和科学化管理，科学轮作换茬等，有利于提升种养效率。通过农业龙头企业牵头，进行土地流转，实现集约化，同时优化粮食生产结构，发展农业特色产业，创建高产高效示范区，建设大面积优质设施园艺产业基地，提升农业高效种养业经济效益。例如，兴义市鸿鑫公司作为当地重要的种养一体化的龙头企业，在育苗、施肥、采摘、加工、销售等各个环节严格把关，每年提前做品种培育试验，根据气候、土壤等多个方面综合评估单品培育的品质和效果。平塘县六硐坝区也通过引进龙头企业，通过

"一心一带一环"的规划布局，逐步将六硐坝区打造为集生态循环农业、产业试点示范、旅游休闲观光和农事劳动体验于一体的"田园综合体"。通过产业结构调整，盘活资源、创新模式，最大限度地激活农村的发展活力和内生动力，实现了农村产业结构调整和产业扶贫的共融共促，茭白、荷兰豆、茄子、"四K"西瓜等高产高效经济蔬果基地逐步形成，土地一年轮作两到三季，坝区四个区城亩产值均可达到10000元以上。

（六）龙头企业是农产品市场对接的"搭桥人"

龙头企业视野开阔，人脉资源广、信誉度高，可以与国内大型电商合作，开展线上销售新模式，促进农产品对外销售，不断提高市场占有率。也可以通过参加农洽会、展销会等，积极宣传，提升优质农产品的品牌影响力。例如，安顺市通过引进龙头企业，围绕特色地理标志农产品例如茶叶、安顺山药、白旗韭黄、关岭牛、金刺梨等，多次组织举办或参加各种博览会和展销会，提升影响力。安顺市经开区还依托与青岛西海岸新区东西部的协作，在青岛开展农产品展销活动，将农产品推入青岛市场。"安货入青"实现销售收入700万元。春节前还将向青岛市场推送"安货入青"大礼包10万份，预算销售额可达6000余万元。启动"校农结合"项目，由区属平台公司为全区66所学校（幼儿园）开展蔬菜配送。

（七）龙头企业是联农带农富农的"金纽带"

农业产业化龙头企业具有相当成熟的种养殖经验、加工包装体系及销售网络，避免了产业发展中的一些问题，是推动农村产业融合发展、带领农民致富增收，实现乡村产业振兴的主导力量。通过"公司 +N+ 农户"的模式，与农民进行利益联结，无偿给农户提供相关技术指导，带领农户快速融入现代化农业生产模式，有效对接市场，解决农户担心的销售问题，为促进农民就业增收发挥了重要作用。也带动了一批生产能手，起到农业产业化人才培养的作用。因此，农业产业化龙头企业。2019 年，播种区坝区通过龙头公司种植经果林 1.02 万亩、辣椒 3.81 万亩、早春蔬菜 3.36 万亩、秋冬轮作稻菜 6.91 万亩、"稻 +"产量 2.77 万亩，共计产量 32.3 万吨、产值 7.7 亿元。完成农业总产值 96.5 亿元，增长 7%；农村居民人均可支配收入 15730 元，增长 10.5%。实现了全区 24225 户 87625 名建档立卡贫困群众全部脱贫、63 个贫困村全部出列。

四、培育龙头企业助推坝区高质量发展的策略

（一）坝区龙头企业发展面临的问题

1.产业结构单一、加工程度低、产业链条短

农业产业化龙头企业培育有时紧时松现象、龙头企业整体规模较小、产业结构单一、农产品深加工能力不足、科技含量不高、品牌影响力不大、带动能力较弱等问题依旧存在，极大地制约了坝区农业产业发展。而且，贵州土地集约水平低，很多农业现代化配套设施无法实施，生产效率降低。此外，农业处于产业链的低端，产业链布局还不完善，农产品的深加工能力低。有的农产品加工企业也只是对初始产品的简易包装，粗加工，产品附加值低。

2. 创新能力不够、研发投入低

多数龙头企业的技术装备创新能力不强，新发展理念及管理意识欠缺。仍以比较传统的方式进行管理，缺乏现代化的经营人才。对于高新技术企业的认定需要年销售收入在 2 亿元以上，且研究开发费用占同期销售收入总额的比例高于 3%，而很少有企业能达到这个标准。而且，农产品品牌对于农业发展具有重要作用，决定农业产业发展是否能持续的关键，但是由于前期品牌意识薄弱，目前贵州有"绿色食品、有机农产品和农产品地理标志"认证的农业产品很少。

3. 资金投入时间长、融资难

由于农业生长周期长，自然灾害等不确定因素多，资金回款慢等问题，使得龙头企业所需资金缺口大。龙头企业在抵押贷款和融资时经常面临贷款没有资产可抵押，资产不够抵押，或者抵押授信率低、农业抵押难、贷款期限短、银行融资成本高等情况，造成融资难、融资贵等问题。

4. 经营管理滞后

我国农业龙头企业 84.7% 是以民营及控股企业为主，以家族式管理或家长式管理为主，主要为管理人相关的社会关系例如亲戚来进行企业管理，管理方法随意，管理效率低，很大程度上制约了企业的发展。而且很多优秀员工无法晋升管理层，打击其积极性，容易造成人才流失。此外，中国民营企业管理者大多不重视营销宣传手段和市场调研，不能及时根据市场需要调整农副产品生产，也无法制定出吸引人的营销战略，缺乏市场竞争力。

（二）培育龙头企业助推坝区高质量发展的策略

确保坝区农业高质量发展，产业兴旺是核心，要充分发挥地区农业特色优势，把引进和培育农业龙头企业发展作为推动坝区高质量发展的突破口，让龙头企业发挥更大作用。

1.提升科技创新水平，增强产业竞争力

（1）提高技术创新能力

鼓励和支持农业龙头企业与相关领域的高校、科研院所开展产教学研合作，攻克技术难关。同时多鼓励事业单位专业技术人才尤其是一线技术人员多到龙头企业兼职、在职创办企业或离岗创新创业，推动科技成果加快向现实生产力转化，培育一批市场竞争力强的科技型龙头企业。

（2）加强农业技术推广和应用力

进一步发挥各级农业技术推广部门作用，健全以农业技术推广专家为骨、农技指导员为基础的新型农业技术推广服务体系，积极为龙头企业开展技术服务、技术培训，为发展现代农业提供技术保障。

（3）强化人才引进和培养

深入开展新型农业经营主体人才培养，重点培养农民企业家、返乡农民工、创业大学生为核心的新型农业经营主体带头人，鼓励和引导"三支一扶"等高校毕业生到龙头企业就业，提升综合素质和发展现代农业的能力水平。

2. 立足区域特色优势"扬长补短",加快农业一二三产业融合发展

（1）壮大产品加工规模,补强产业短板

突出自身优势,明确产业发展思路。坚持走符合地区实际的特色农业发展之路,建立具有地方特色的现代农业特色示范区,着力实现产业结构多元化构建全产业链。扬地区之长,稳步扩大特色农产品种植面积。以市场为导向,更好发挥政府宏观调控作用,引导农业企业稳步有序扩大种植面积,积极向做得好的大企业学习,逐步建设一批高质量的精品农业标准化的示范园区,先试先行。同时依托龙头企业,促进产业产业规模化、标准化、品牌化发展。

（2）培育农产品加工企业

做大做强做深做细农产品。引进加工型企业是实现农产品增值的重要途径。积极对接国内大型生产厂,加快实施肉牛羊屠宰加工、冷链物流仓储设施等项目。在坝区引进和培育一批生鲜蔬菜、水果等生产加工企业,推行生鲜的快速加工,降低仓储和运输过程损失。全面推动农业增效、农民增收、地方增税。

（3）加强基础设施建设

政府要营造更优营商环境,鼓励农业龙头企业引进先进适用的生产加工设备,资金支持龙头企业联合农民专业合作社、农户进行农产品初加工设备的购置和基础设施的建设。

（4）延伸农产品加工产业链

除了主要农产品的生产,还要大力发展以加工剩余物、农林凋落物等为原料的产品开发利用，推进农林废弃物的资源化利用，降低环境污染，形成循环产业链。按照"产、加、销"一体化要求，加快形成集仓储、初加工、包装、配送一体化的运行模式，支持龙头企业扩大加工链，做大做强主导产业，努力培育新经济增长极。产业链延伸发展必须以市场为导向，提升效益，重点布局一批特色农业生产，继续推荐"一镇一业""一村一品"的发展规划布局。以此形成布局区域化、生产专业化、经营一体化和服务现代化的综合发展体制，延伸旅游、电商、加工、物流等产业链条，实现一二三产融合发展，构建贵州特色农业产业发展体系。

3.创新农产品流通贸易方式，完善产品市场体系

（1）拓展市场营销网络

坚持"引进来"和"走出去"并重，积极引进省内外大型企业、知名企业，借助省内外企业市场资源，建立并扩大销售网络体系，打通国内外生产销售市场，增强本地农业龙头企业发展后劲。

（2）积极发展新型流通业态

引进知名电子商务企业建设电商孵化中心，支持农业企业与农户依托"抖音""快手"等新型媒体进行"网络带货、直播带货"，在市区、县城住宅小区或人口密集地开设连锁店、直营店、配送中心，提高产品流通效率，提升市场影响力和产品竞争力。打通坝区绿色农产品直供直销通道，与农校、农超、农医等积极对接。构建全省冷链体系运营平台，实现货、车、库的有效衔接，打通销售渠道。

（3）加强农产品品牌建设

注重培育壮大新型农业经营主体，以品牌化建设为重点，加强农产品体系统筹规划，大力发展绿色有机农业，加强农产品质量安全监管，打造"跳出地域，唱响全国"的知名农业大品牌，鼓励龙头企业积极申报和推介驰名商标、名牌产品，尤其结合贵州构建一些具有特色的原产地标记，和相关地理标志，以此来不断提升龙头品牌的影响力。

4.健全完善利益联结机制，带动农户增收致富

（1）构筑融合平台

农村改革必须持续深入推进，搭建龙头企业与农户合作对接桥梁，形成"龙头企业＋专业合作社＋农户"的稳定紧密的发展模式和利益联结机制，构建农业龙头企业和农户的融合平台，促进融合发展。

（2）实现有效对接

鼓励和引导各类经营主体特别是一般农户通过"有偿入股、利润锁定、保值合作"等农业产业化新模式，与龙头企业建立稳固的产销协作关系和紧密的利益联结机制，实现"风险共担、利益共享"，保障龙头企业在自身做大做强的同时，带动坝区实现增效增收。

（3）搭建新型职业农民培育平台

政府和龙头企业要不断推进农业技术推广与培训，分类型、分种类实现培训的精准化，搭建起"种、养、学、教"新型职业农民培育平台，注重对农民经营能力和法制观念等综合素质的培训，

培养一批有文化、懂技术、会经营的农民队伍。强化龙头企业遵纪守法、诚实守信意识，自觉维护良好的市场秩序，保障农产品的持续供应。引导龙头企业在脱贫攻坚和乡村振兴中发挥积极作用，主动参与支持农村有关教育、文化、基础设施建设等公益事业，面向本地提供就业岗位，尽最大能力吸纳农村劳动力，为打赢脱贫攻坚战，推动乡村振兴奠定坚实的基础。

5. 强化体制机制保障

制定坝区农业龙头企业发展培育的规划，加大对龙头企业融资的扶持力度，鼓励龙头企业加大研发投入，多方引导龙头企业树立自己的品牌战略；建立市（州）、县（市、区）、乡镇三级领导包抓农业龙头企业机制，不断完善在领导力量、组织机构、工作机制的保障体系。同时，提升服务效能形成工作合力。优化营商环境，成立产业联盟，建立联席会议制度，规范企业行为，激发农民参与农业产业创业的积极性，营造全社会关心促进农业产业化和现代化发展的良好氛围。

一方面要不断加大对现有龙头企业的培育扶持力度，创造良好的发展环境，激励企业通过技改、重组等实现转型升级、强强联合。另一方面要不断加大招商力度，吸引更多大企业、好企业落地贵阳贵安。同时，以产业为导向，创新人才培养体系，攻坚招才引智，通过优环境、拓渠道，搭平台、聚资源，营造浓厚的创新创造创业氛围，让大数据人才活水奔流涌动。

第七节　融合发展，强化科技支撑

农业现代化关键是农业科技现代化。《中共中央关于制定国民经济和社会发展第十四个五年规划和二〇三五年远景目标的建议》指出："强化农业科技和装备支撑，提高农业良种化水平，健全动物防疫和农作物病虫害防治体系，建设智慧农业。发展县域经济，推动农村一二三产业融合发展，丰富乡村经济业态，拓展农民增收空间。"2020年省坝区农业产业结构调整工作推进会强调："加快将坝区培育成贵州省农业现代化的样板田、科技田、效益田，打造成贵州农业高质量发展的'聚宝盆'，带动更多农民群众增收，为决胜脱贫攻坚、同步全面小康作出新的更大贡献。"

为强化科技力量支撑，实施"藏粮于地、藏粮于技"战略，推进农业现代化，贵州省以坝区产业结构调整为突破口，以政府为引导、企业为主体、园区为平台、科技为支撑，着力把坝区的作物生产、加工与乡村旅游、民族风情、研学、康养服务有机结合起来，全面推行"全链条"式产业融合发展，促进一二三产业有机融合，激发坝区生产活力，助推群众持续稳定增收。科学技术是坝区农业融合发展的支撑，而融合发展的需求是农业科技的问题导向。

一、融合发展与强化科技支撑的重要意义

（一）融合发展的重要意义

坝区产业融合发展需要多方新型农业经营主体分工协作（如：龙头企业、农民合作社和家庭农场等），通过规模经营，以利益联结为纽带。新形势下，融合发展具有重要的现实意义。

一是有利于建立现代农业经营体系。创新组织形式，以"公司＋农民合作社＋家庭农场＋农户"，使坝区内新型农业经营主体扬长避短、互助互利、协同发展、合作共赢，助推构建现代农业经营体系。

二是有利于推进坝区三产业融合。以一二三产业衔接，完善形成完整的全产业链，使单一产品购销合作转变为多产业融合共享，实现坝区产业经济从单纯的农业转为"农业＋加工、旅游、研学、康养服务"等一二三产业融合发展模式，促进坝区经济效益增长。

三是有利于提高农业综合生产能力。促进坝区产业链优化，使上下游经济协同发展，有效规避交易风险和成本，确保坝区产业稳步前进，激励坝区以市场为导向，开展专业化、品牌化经营，激发坝区土地产出、资源利用和劳动生产，提高农业综合生产能力。

四是有利于促进农民持续增收。通过提高坝区经济效益，完善利益联结机制，探索"公司＋合作社＋农户"协同发展模式，引导龙头企业、农民合作社、家庭农场和农户紧密合作，示范带动普通农户和衷共济，使其参与坝区产业融合发展，共享坝区农业现代化成果。

五是有利于科技成果转化。融合发展是加快建立坝区企业为主体、市场为导向的技术创新机制的核心关键，推动科技创新成果向各行业各领域覆盖融合，加快新旧技术转换的最有效方式。

（二）强化科技支撑的重要意义

坝区农业现代化发展需要以科学技术作为支撑，坝区乡村振兴也离不开科技，实施乡村振兴战略，要求农业科技创新瞄准质量兴农、绿色兴农、效益优先，加快转变农业生产方式、推进改革创新、科技创新和工作创新。通过坝区科技支撑，可精准聚焦坝区农业农村重点领域改革发展机遇，以多形式配置资源，助推坝区农业协同发展、创新发展，在乡村振兴中，围绕坝区产业、环境、人才等重点需求，使科技支撑贯穿坝区产业发展、经济进步和人才培养，推广应用先进农业科学技术，为坝区实现全面乡村振兴提供鼎力支撑。

推动科技创新导向的转变和工作重心的调整，集聚科技、产业、金融、资本等各类创新要素，着力开展关键技术创新、生态循环模式创建、典型示范引领、新型生产经营主体培育和体制机制创新，显著提升科技对农业质量效益竞争力和农村生态环境改善的支撑水平，有助于推动农业农村发展质量变革、效率变革、动力变革，支撑引领乡村全面振兴和农业农村现代化。

科技支撑在坝区融合发展中，有着至关重要的地位，通过新技术新方法选育农作物品种，整合高新技术，改良传统农业；在产前领域优化农作物基因结构，在产后领域提升初级农产品的附加值，科技支撑体现出了强大的包容能力和改造能力。

充分发挥科技在坝区农业发展的支撑作用，推进农业技术一体化、劳动过程机械化、生产经营信息化、安全环保法治化，建立适应高产、优质、高效、生态、安全农业发展要求的技术体系，促进推动坝区农业高质量发展。通过科技支撑让坝区农民掌握生产技术，通过科技提高资源利用率，是发展坝区农业必经之路。

通过互联网、大数据等现代化信息技术，解决信息闭塞、人力分散、管理粗放的治理难题，提高坝区治理能力，完善治理体系。社会治理的智能化作为科技进步对社会和政府发挥技术赋权和技术赋能共同影响的结果，凭借对民情民意的系统把握、对社会风险的动态评估和对公众诉求的精准回应，将有效提高坝区社会治理的决策科学性和治理民主性。

用科技推动坝区农业生产、加工、销售现代化发展。将现代管理技术运用到生产实践，能够提高粮食作物产量，优化生产流程，提高农业全要素生产率。同时在农作物加工和流通环节，现代物流体系和仓储水平，能够提高产品储存效率和质量。结合电商平台、直播带货等网络平台，可为坝区提供便利、高效、稳定的销售渠道，提高农民经济收益。

二、坚持融合发展，提升坝区产业

近年来，农业农村部积极贯彻中央的决策部署，深入推进农村一二三产业融合发展，组织实施一二三产业融合发展补助政策，目前农村三产融合发展态势良好，呈现了多模式推进、多主体参与、多利益连接、多要素发力、多业态打造的新格局。推进农村一二三产业融合发展，加快构建现代农业产业体系，促进城乡一体化建设，辐射带动农业农村发展，为脱贫攻坚和乡村振兴提供有力支撑。农村产业要发挥更大的效益，融合是关键。贵州省坝区农业以科技为支撑，将坝区三产有机结合起来，促进第一产业与第二产业、第三产业融合，实现了经济效益从一产、二产、三产的简单叠加向乘积裂变式突飞猛进，助推了农业产业"接二连三"立体化发展。

（一）融合发展的策略

1.探索多类型产业融合形式

因地制宜，基于不同坝区产业特点，探索适应坝区特色的融合发展商业模式，通过农业＋电商、品牌带动升级、合作社产业优化、农业内部整合、农业功能开拓等多种形式，提高坝区产业发展内聚力，通过融合发展支撑坝区农民持续稳定增收。

2.培育多元化产业融合主体

引导坝区龙头企业、农民合作社、家庭农场打通产业链，发展标准化农业生产、加工流通和直供直销，结合贵州省大数据融合发展产业优势，推动信息技术、物联网技术等新技术在坝区农业中广泛应用，推行"全链条"式产业融合发展，带动农户共同发展全产业链经营。

3.建立多形式利益共享机制

结合农村"三变"改革，探索坝区农业利益联合机制，推动实行股份制、合作制、股份合作制等组织方式，鼓励坝区农民以资金、土地、技术等形式入股，形成关系紧密、利益共享的机制，支持坝区合作社办企业，支持企业和合作社互相参股，推行"保底盈利＋按股分红"等分配模式，制定农民共享二三产业营收的互利机制。

4.促进多领域设施环境建设

围绕坝区融合发展产业需求，支持坝区配套建设公共基础和配套服务设施，针对质量溯源、产地初深加工、副产物衍生利用、交通运输、销售渠道、休闲娱乐、物流配送等方面，提升对坝区产业融合发展的支撑能力。

5.强化科技支撑推进融合发展

科技支撑是坝区农业融合发展的根本动力，以互联网信息技术和现代农业科技为代表的新科技革命，在提升坝区生产水平和发展质量，突破传统工农分界等方面，为实现坝区融合发展奠定了生产力基础、创造了有利条件。构建科技支撑体系，要以坝区农业农村发展新需求作为科技创新目标导向，在利用好外部资源的同时培育乡村内生创新活力，为坝区融合发展提供有力的科技支撑。

（二）融合发展的方向

1.推动农村产业融合

根据坝区资源特点，指导坝区农民运用自身优势，利用新理念、新技术和新渠道，提高坝区资源利用率，发展特色优势产业，促进经济发展。强化科技支撑，通过专家指导和培训，结合科研项目实施，发展特色优势种植业、生态养殖业等农业生产经营模式，结合农产品保鲜、储藏、烘干、分级、包装等加工业，农资配送服务、农技推广服务、农业信息服务、农机作业服务等生产性服务业，乡村旅游、研学康养、电子商务等生活性服务业以及其他新产业、新业态、新模式。完善产业分工和利益分配关系，使坝区农民共享二三产业增值收益。

2. 强化坝区主体培育

指导坝区农民创办家庭农场、农民合作社、农业企业、农业社会化服务组织等新型农业经营主体。支持能够让农民享受二、三产业增值收益的新型经营主体，增强坝区农业从业经营主体的经济实力和发展活力，形成高素质的融合发展农业从业主体。推进新型农业经营主体发展多种形式的适度规模经营，建立完整产业链，形成各类农业经营主体的利益共同体。

3. 创建融合发展园区

引导各坝区依托现有农业示范园区、休闲农业与乡村旅游示范点等各类平台，积结合自身区域特点创建坝区创业创新园区。促进现有省级现代高效农业示范园区综合利用资源，服务坝区农业融合发展。开展融合发展示范园区认定，给予示范园区政策倾斜。

（三）支持政策和措施

1. 创新金融扶持方式

基础较强坝区可设立融合发展投资基金，为坝区融合发展提供金融扶持。引导金融机构根据坝区产业融合发展特点，开发相关金融产品和服务，试行抵押贷款业务，推进农村土地承包经营权和农民住房财产权抵押贷款试点，促进坝区金融服务发展。建立完善产业融合企业的信用征集、评价和运用机制，采取优先支持、利息优惠等形式激励守信创业主体。积极发挥融合发展投资基金作用，对符合条件的坝区融合发展创业项目提供担保贷款等金融扶持。

2.进一步简化市场准入

深化"放管服"改革工作，推进注册资本认缴登记和"先照后证"改革，做好坝区个体工商户简易注册登记试点工作，积极开展集群注册登记试点，积极支持各地放宽住所（经营场所）登记条件，进一步推进登记注册便利化。县级人民政府设立"绿色通道"，为产业融合企业创新提供有针对性的指导、服务工作。

3.加大财税政策支持

对坝区创办的产业融合新型农业经营主体，符合农业补贴政策支持条件的，可按规定享受现行农业经营主体同等政策支持。将符合条件的产业融合项目纳入强农惠农富农政策支持范围，纳入各类财政支农项目和产业基金扶持范围。

4.强化用地用电保障

在合法用地前提下，通过调整存量土地资源，解决坝区融合发展用地难问题。通过现代农业、农产品加工业、休闲农业和乡村旅游等用地政策，使坝区实现设施农业建设和经营。引导农户依法以入股、合作、租赁等形式使用农村集体土地发展产业融合，依法使用农村集体建设用地开展相关项目。支持坝区农户发展农家乐。支持坝区建设农业物流仓储等设施。发展农业、林木培育和种植、畜牧业、渔业生产、农业排灌用电以及农业服务业中的农产品初加工用电，均执行农业生产电价。

5.完善社会保障政策

对融合发展的新型农业经营主体，招用就业困难人员、离校未就业高校毕业生以灵活就业方式参加社会保险的，按规定给予一定社会保险补贴。产业融合企业招用的人员，可按规定享受职业培训补贴、职业技能鉴定补贴、公益性岗位补贴和调整后的就业创业服务补贴。

（四）科技支撑坝区融合发展

科学技术与融合发展相互影响，坝区融合发展需要科学技术作支撑，科学技术发展也需要三产融合作导向。现代农业科学技术，是多学科交叉融合的成果，如农学、生物学、农业信息学和农业资源与环境等，农业科技以现代科学技术的最新成果为基础，立足于现代农业发展需求，对坝区农业的融合发展有着深刻影响。科技支撑坝区融合发展主要有以下形式。

1. "农业 + 园区"促融合

通过科技支撑，促进园区建设，铸就高效农业，以园区带动农业发展。"农业 + 园区"是坝区实现可持续发展的重要举措，在发展传统种养殖业的基础上，向附加值更高的加工、销售、餐饮等行业延伸，形成一二三产业内生融合。

2. "农业 + 旅游"助融合

依托农业园区建设，结合坝区区域特点，创新乡村旅游形式，聚焦联合产业链、优化利益链、升级价值链的目标，通过构建以产前、产中、产后完备服务的现代化农业产业链，提高产业融合水准，争创"全链条"产业融合推动模式。将坝区作物生产、乡村旅游与加工、民族人文风情、康养服务联合起来，发展农业观光游、农活体验、传承农耕文化等功能，引领各行业主体挖掘农业观光类、绿色康养类、文化教育类、科普研学类、乡村旅游类等新产品，推动户外运动基地、汽车营地、帐篷露营营地等新业态，深化一二三产业融合，拉动产业立体化进步，实现经济效益飞速增长。

3."农业＋主体"促融合

根据坝区农业现代化发展需要，大力培育农业经营主体，引进国内外技术先进、实力雄厚的优强企业，带动一批农业经营主体。建立完善利益联结机制，推广"龙头企业＋基地＋农户"等产业化经营方式，推动龙头企业与农户、农民合作社、家庭农场等其他经营主体的紧密联结，实现龙头企业与农民专业合作社深度融合，形成"利益同享、风险共担"利益联结机制。全面推广农村"三变"改革，引导农民特别以土地经营权入股企业、专业合作社等经营主体，探索将各级各部门投入到农村发展生产和扶持类财政资金，在不改变资金性质前提下，通过合同或协议方式，入股到各类农业规模经营主体。

4."农业＋品牌"促融合

围绕公共品牌，提高坝区产业融合发展品牌化水平。结合产业市场拓展，大力实施重点品牌培育工程，全面树立贵州省无公害绿色有机农产品品牌形象。培育一批全国影响力大、辐射带动范围广、文化底蕴深厚的坝区农业品牌。充分利用展会、专场推介、媒体宣传等多种方式，着力提升"多彩贵州·山珍产品""绿色贵州"农产品整体品牌影响力。鼓励龙头企业打造自主品牌，采取兼并重组、联盟等方式整合龙头企业产品品牌，逐步形成每个特色优势产业或产品都有重点品牌引领的格局。积极支持龙头企业申报农产品地理标志保护、生态原产地产品保护和省著名商标、名牌产品，开展质量管理体系建设和无公害、绿色、有机等相关产品认证。做好品牌培育指导和政策扶持，强化品牌宣传，维护市场秩序，为全省农产品品牌建设营造良好环境，让更多龙头企业的农产品通过品牌引领，实现"风行天下"。

5. "农业 + 大数据"促融合

通过坝区农业 + 大数据技术，使传统农业生产结合现代高效信息技术，形成独具特色的坝区现代农业模式。在坝区发展农业电商，为农产品销售开拓渠道，提升农产品销售便捷性。

提高农产品流通效率。培育农村电商，通过与国内知名电商平台合作，建立本地仓储，同时打造坝区绿色农业品牌，探索线上定制、线下生产电商模式，促进特色农产品品牌推广。推进农业市场销售网络化。通过农业电商公共服务系统，构建农产品冷链物流、信息流、资金流网络化运营体系，提高农产品流通效率。

推进农产品质量安全可追溯。通过大数据，实现农产品质量安全溯源，形成从生产加工到销售环环可追溯的农产品质量安全溯源体系。围绕坝区特色产业，利用贵州省农产品质量安全追溯平台，制定具有坝区特色的农产品二维码，实现农产品种植、加工、检测等信息追溯、查询。

基于遥感监测、地面调查、网络挖掘等技术，构建"天空地人"四位一体的农业大数据可持续采集更新体系，夯实农业大数据基础，实现农业生产数据的关联整合、时空分析与智能决策，优化农业产业布局、深入推进农业结构调整、促进农业产业振兴。

三、强化科技支撑，推进坝区高质量发展

坚持以习近平新时代中国特色社会主义思想为指导，把切实落实习近平总书记视察贵州重要讲话精神及贯彻新发展理念作为检验践行"两个维护"的重要标尺，持续深入贯彻党的十八大、十九大及十九届二中、三中、四中、五中全会精神，紧紧围绕省委、省政府重大部署工作，加快推进农业科技创新与成果转化推广，切实完善农技推广与农业职教体系，积极组织农业面源污染治理，抓好农村能源建设，着力农业生物安全监管，为坝区农业产业体系高质量发展提供创新驱动保障。

强化科技支撑，要大力推进产学研融合、大力推广先进实用技术、大力培育高素质农民，充分发挥科技支撑力量，提升产业基础能力和产业链现代化水平，推动坝区农业高质量发展。科技支撑是深化坝区农业科技体制改革与机制创新、深度推进产学研一体化的重要举措，是科学配置坝区农业科技创新资源、培育坝区农业农村发展新动能、支撑引领坝区乡村振兴的重要载体。农业科技作为坝区农业融合发展的支撑，从实质上推动了坝区三产融合的发展，再借三产融合这一发展手段推动了农业科技的发展进步。

（一）坚持创新引领，提升科技供给能力

1.以坝区融合发展为问题导向

围绕坝区融合发展中的关键技术、科技需求和瓶颈问题，将坝区农业三产融合的现实需求作为科学技术的发展方向，聚焦现代种业、品种选育、绿色防控、栽培（养殖）模式、精深加工、农机农

艺融合等领域，发挥产业技术体系科技优势，凝聚合力，加大关键技术、核心技术的攻关力度，强化共性技术和瓶颈问题的研究，突破解决产业发展中的"卡脖子"问题，集成开发绿色优质、特色高效的技术和生产模式，切实增强贵州省坝区特色优势产业发展的竞争力。

2. 开展新品种、新技术试验示范

聚焦丰产性、稳定性、适用性、抗逆性、专用性等生产需求，大力引进新品种进行试验研究，筛选优良品种。聚焦产业发展的前沿科技，围绕生产技术、栽培模式、病虫害防控、加工等环节，将研究、组装、集成开发的新技术、新方法、新模式进行试验示范。

3. 加强现代农业产业技术体系建设

加大技术体系建设力度，完善体系设置，优化体系结构，强化水稻、蔬菜、生猪等重要农产品稳产保供和优势特色农产品的科技支撑，补齐农产品质量安全与环境控制、产品加工、病虫害防控等研发团队建设短板。聚焦种业安全，加强育种与地方特色农业品种保护开发；聚焦产业发展需求，攻克一批关键核心技术，推动产业高质量发展。开展体系周期考评，全面总结体系"十三五"建设经验与成效，加强体系工作宣传。

4. 强化科技成果转化应用

充分发挥产业技术体系资源优势，加强与国家产业技术体系对接力度，将国家、省产业技术体系的先进技术、农业科技成果引进、转化应用，总结提炼在试验示范、技术指导中发现的生产问题和科技需求，并将问题凝练为产业技术体系的研究课题进行技术攻关，推动产业发展的科技需求就地攻关、技术就地集成、成果就地转化。

5.建设农业科技示范样板坝区

聚焦优质高效、绿色安全、节本增效、轻简化等技术特点，组织全省农业科研、教学、推广力量，开展坝区重大引领性技术集成示范，高质量建好农业科技试验示范基地，打造省级农业科技示范样板坝区；引导创新要素向基层聚集，打造一批农业农村科技现代化和农业科技引领达标坝区，充分体现基地的科技含量。开展基层农技人员、农户观摩培训，通过示范基地建设提升基层农技人员服务产业的能力、提升农户用科技增收致富的能力。

6.深化科技体制机制改革

完善农业科技领域基础研究稳定支持机制，鼓励科技人员在坝区创新创业，完善科技成果转化及利益分配机制，建立健全科技成果转化风险防控机制。推进科研项目绩效评价改革，探索建立尽责免责的绩效评价体系。

7.深入开展产业调研

充分发挥产业技术体系"智库"作用，组织专家深入产业聚集区开展产业调研，摸清产业发展状况、技术难题、瓶颈问题等情况，为政府部门决策提供参考建议。

（二）注重协同发力，提升推广服务水平

1.深化基层农技推广体系改革

试行公益性推广与经营性服务融合发展机制，农技人员为坝区新型农业经营和服务主体提供技术承包、技术转让、技术咨询等形式增值服务，并合理取酬。推动涉农科研院校发挥科技和人才优势，加快科技成果转化应用，为农业农村人才培育提供技术支持。通过购买服务等方式，支持有资质的市场化主体从事可量化、易监管的农技推广服务。吸纳多元化力量参与农技推广工作，拓展农技推广服务供应链，为新型农业经营主体和小农户提供全程化、精准化和个性化的指导服务。

2. 实施基层农技推广队伍建设"三大计划"

实施基层农技人员定向培养计划，吸引具有较高素质和专业水平的青年人才进入基层农技推广队伍。实施农技人员知识更新计划，聚焦服务产业发展和能力拓展，分层级集中举办业务培训。实施农技推广服务特聘计划，县（市、区）招募一批特聘农技员，鼓励农业乡土专家、种养能手、新型农业经营主体技术骨干从事农技推广服务。开展万名脱贫带头人培育，围绕优势特色产业发展需求，培育高素质农民和农村实用人才，实现脱贫带头人培训全覆盖。

3. 强化农业技术推广服务与应用

按照"全省一盘棋"的思路，建立人才库和专家团队，围绕产业抓队伍，抓住人才强服务，实现技术服务对坝区全覆盖，切实解决坝区产业发展中的具体问题。实施先进技术培训计划，根据特色产业技术需求，组织聘请省内外专家开展先进适用技术培训和技术指导，组织省市技术专家深入特色产业开展会诊或实地技术指导。实施科技人才服务计划。组织"三区"人才、各级科技特派员等科技人才，深入贫困村和产业基地开展技术服务。积极争取省级12个特色产业技术专家团队开展技术培训和指导，为技术专家团队工作提供服务保障。

（三）加大培育力度，提升质量效能

1. 大力培育高素质农民

实施高素质农民培育计划，重点面向从事适度规模经营的农民，分层分类培训坝区农民。深入细致做好需求调研、选拔机构、遴选对象、选派师资等基础性工作，组织开展新型农业经营和服务主体能力提升、种养加能手技能培训、坝区农村创新创业者培养、乡村治理及社会事业发展带头人培育，认真做好训后技术指导和跟踪服务，不断巩固和提升培育质量效益。

2. 壮大新型职业农民队伍

因地制宜，根据不同坝区农业发展方向，培育不同新型职业农民，如对于农产品生产坝区，培育新型农业经营主体带头人和农机、植保等专业化服务人员；对于新产品生产坝区，培育专业技能型人员；对于休闲观光坝区，培育管理经营型人员。

3. 开展精勤农民网络培训

实施坝区精勤农民网络培训项目，线上为坝区农民提供农业技术培训，探索建立与妇联、团委合作机制，发动全省农民积极参加网上学习，学成授予坝区精勤农民培训证书，激励广大坝区农民增长知识，提高技能，开阔视野，增收致富。

（四）推进综合治理，提升生态环境保护

1. 扎实推进耕地分类管理

在坝区全面推行耕地分类管理，以确保农产品质量安全为目标，扎实推动坝区受污染耕地的安全利用和严格管控；建立坝区农

产品产地土壤环境质量监测体系，开展土壤与农产品协同监测，实行坝区耕地土壤环境质量动态管理；将坝区耕地土壤环境质量类别划分成果融入农田建设管理信息系统，建立耕地地力、田间基础设施和耕地环境质量（土壤健康状况）"三位一体"的管理信息系统，实现全省坝区耕地质量"一张图"管理。

2. 加强面源污染源头防控

推进坝区农业面源污染源头减量防控，在保障农产品供给的前提下，根据坝区生态环境承载力，以削减农业面源污染负荷、促进环境质量改善为核心，明确坝区农业面源污染防控重点任务，推进坝区农业面源污染"源头减量—过程阻控—末端治理—循环利用"综合防控。

3. 大力发展生态循环农业

坚持绿色发展理念，发展坝区生态畜牧业、种养一体化循环农业、畜禽粪污资源化利用、秸秆综合利用生态循环农业等，推进农村沼气设施转型升级，解决坝区种养殖业污染问题，形成环境友好、优质高效、自然营利、资源匹配的坝区生态循环农业典型技术模式，鼓励生态友好的农业生产方式。

4. 深入推进秸秆综合利用

加大坝区秸秆补偿机制创设力度，完善秸秆收储模式，进一步提升秸秆综合利用产业化水平和市场化运作能力。在部分坝区开展秸秆综合利用推进示范。开展坝区秸秆综合利用绩效评估，推广秸—饲—肥种养结合等一批秸秆循环利用技术模式，强化坝区秸秆资源台账建设。

第四章

坝区发展实践

精准聚焦生态循环农业，构建坝区共同体

　　贵州要守住发展和生态两条底线，要加快发展特色高效农业，加快培育新型农业经营主体，要正确处理发展和生态环境保护的关系，实现发展和生态环境保护协同推进。我们要把建设生态循环农业放在大力推进农业现代化、加快转变农业发展方式的突出位置，进一步增强紧迫感责任感，推动现代农业走上可持续发展之路。紧紧围绕农业产业结构调整主线，以坝区建设为着力点，以龙头企业为带动，农业特色优势产业发展取得显著成效，部分产业已在全国占有重要地位。兴义市十里坪坝区精准聚焦生态循环农业，突破种养业结合不紧、循环不畅，生产、加工、流通、消费融合不够等难题；走出"企业＋基地＋农户"脱贫新路径，应对农业发展新挑战，发展生态循环农业，促进农业增产、农民增收和绿水青山良性循环。

坝区农业产业发展实用指南

137

一、存在问题与不足

党的十八届五中全会提出创新、协调、绿色、开放、共享的发展新理念。党的十九大报告对生态文明和美丽中国建设做出重要部署，指出要坚持人与自然和谐共生，践行绿水青山就是金山银山的理念，形成绿色发展方式和生活方式，坚定走生产发展、生活富裕、生态良好的文明发展道路。贵州省作为首批国家生态文明试验区，更要坚定不移地走绿色发展之路，让绿色成为主色调。走山地高效绿色农业道路，是贵州省经过 20 多年的积极探索与实践，探索出的一条符合自己实际情况的，能极大改善人民生活水平的农业道路。贵州省发展山地高效绿色农业对实现百姓富、生态美有机统一的伟大实践至关重要。

贵州没有平原，92.5% 的面积都是山地。由于历史文化和自然条件等因素，贵州农业发展基础薄弱，农业生产只能停留在效益低下的传统种植，一家一户为主的农业生产方式已不适应千变万化的大市场，多数农民依靠传统种植根本无法摆脱贫困。破解这一难题的途径之一，就是瞄准大有可为的 500 亩以上坝区，深化农村产业革命，让沉睡的资源变成发展的资本。贵州"八山一水一分田"，平坦肥沃的坝区弥足珍贵。依靠土壤肥沃、光热条件好的自然资源禀赋，一个个坝区像一个个聚宝盆，展示着发展产业的美好前景。贯彻落实发展新理念，推进生态文明建设，迫切需要加快发展生态循环农业。中央印发了《关于加快推进生态文明建设的意见》和《生态文明体制改革总体方案》，这是国家层面第一次专门就生态文明建设作出全面部署。

农业生产本身就是固碳过程，发展生态循环农业，就是建设美丽中国的"生态屏障"。贯彻落实创新、协调、绿色、开放、共享的发展新理念，将生态循环农业作为现代农业发展的重要形态，不仅是农业发展理念的创新，也是相关政策、制度、技术的创新，将为农业发展提供新动力、拓展新空间，有利于延伸产业链和价值链，有利于促进种养加销游一体、生产生活生态协调。但坝区建设发展仍面临很多难题和矛盾，如不妥善解决，将直接影响坝区建设的质量和成败。主要集中在以下几个方面。

（一）思想观念滞后、规模化、标准化程度不高

少数村组干部带领群众增收致富、发展产业的信心不足，办法不多，群众思想观念转变难，仍保持着"户自为战"的思想观念，不利于集约化、规模化、标准化新型农业发展模式的推进。加上全市均为典型的丘陵、河谷地带，坡耕地多，地块小、分散而不连片，导致产业集中度不高，难以形成规模化、标准化发展，农业规模化经营水平低。一是部分坝区产业集中度不高、组织化程度不高，对主导产业的定位不够清晰明确，导致坝区标准化程度低，部分坝区仍存在家庭分散式小农经营为主，生产经营主体主要以合作社、生产大户等为主，整个坝区产业模式"散、小、乱"，生产标准难以统一，不利于集约化经营。二是优良品种选择不足，抵御市场风险能力和可持续发展的内在动力就不足；就产品结构的现状来看，优良品种占比偏低。三是产业长短结合不合理。部分坝区长短产业匹配不科学，只注重长效产业的选择，在长效产业效益未体现前，短效产业的配套得不到补充。四是基础设施配套不完善。坝区种植设施装备水平低下，90%以上的设施仍以简易型为主，机械化程度低，难以发挥农业机械作业性能和效益。

（二）经营主体带动力较弱、企业入驻率不高

坝区没有龙头企业入驻组织发展农业产业，"散、乱、弱"现象依然存在，产业规模化、品牌化难以形成。同时，坝区农业经营主体存在"重创建、轻规范"的问题，缺乏完善管理制度、资金积累制度和风险保障制度。坝区经营主体之间缺乏合作，尚未形成"利益共享，风险共担"的紧密型利益共同体。部分坝区农民专业合作社组织化程度低，管理水平不高。合作社的成员大多是农民，文化水平普遍不高，专业知识、政策掌握水平、市场竞争能力、管理经验相对匮乏，运行管理机制不健全，难以适应进一步发展的需要。

（三）一二三产业融合度不高，产销对接有差距

大部分坝区都是村容村貌、自然条件好的地区，不但农业规划相对较好而且交通自然风光都比较良好，农产品深加工、农旅一体没能更好接合，没能更好利用坝区发展的优势，也未能更好地将坝区一二三产业融合起来发展，不能达到发展共赢双丰收。没有成功打造区域化品牌，促成稳定的产销对接模式，"提篮小卖"仍为现阶段主要的农产品销售模式，现有农产品基本上都是农户自产自销，产销组织化程度不高。

（四）基础设施不完善，抗风险能力不强

坝区冷链仓储、高标准农田、初深加工场所等基础设施建设稍显滞后，导致农业生产成本高，企业因资金短缺而不能扩大生产规模，造成农业产业结构调整工作推进难度大，还需大量投入灌溉设施、生产便道等基础设施。同时存在经营主体融资难，由于农业产业是投入大、产出小的产业，经营主体经营的土地、生长中的农作物等不能作为融资的抵押物，导致经营主体在融资中没有抵押物而无法融资。农业保险机制不强，坝区农业保险面大，农业保险对坝区经营主体及农民权益保障力度有限。通过对全市坝区进行风险识别，易受自然灾害导致损失的坝区占比高达90%，主要经济作物有蔬菜、食用菌、精品水果、中药材等，自然灾害类型主要有洪涝、干旱、风雹、凝冻等；易受市场价格波动导致损失的坝区占比高达85%，主要经济作物有蔬菜、食用菌、精品水果、中药材等。

二、主要做法

（一）抓激励、夯基础，提升坝区规模化标准化水平

加大土地流转力度，强化坝区土地整治，针对坝区土壤改良、灌溉排水、冷链物流等短板，打造规模化、标准化、组织化坝区；扩大宣传引导作用，努力转变群众发展观念，鼓励外出务工人员和相关企业开展农业生产经营。同时，落实农机装备补贴和粮种等补贴政策，提高农业效益，吸引青壮年群众从事坝区产业活动。进一步优化工作方案，谋划符合坝区特点的大项目、好项目并积极向上争取。发挥政策导向作用，积极引导各类政策资金、社会资金注入，为坝区发展提供强大的资金支持。并积极争取上级资金支持，进一步加强坝区生产便道、排灌设施、机耕道、电网等基础设施建设，

完善坝区生产功能。加快坝区土地流转，为企业进驻创造条件。

（二）培育壮大经营主体，健全完善利益联结机制

培育壮大经营主体，发挥其核心带动作用。对真正能发挥"龙头"作用的经营主体给予一定的优惠政策；加大招商引资力度，引进优强企业入驻坝区，发挥好龙头企业的"龙头"带动作用；建立坝区经营主体台账，全面掌握经营主体的生产经营、龙头带动作用等情况，进行基础设施建设和产销对接，并建立清单，为坝区施策招商。按照"一个坝区、一条利益联结机制"的要求，以坝区产业结构调整为契机，全面推进农村"三变"改革，推行"村社合一"。因地制宜推广"企业＋基地＋农户"组织方式，健全和完善联结机制，把坝区涉及的所有贫困户全部联结进去带动起来，促进坝区涉及的贫困户增产增收，助力脱贫攻坚。

（三）强化科技支撑，加大风险防控力度

提高技术服务产业能力，充分发挥"坝长制"行政包保坝区的作用和省、州、县三级产业专班联动机制，实现坝区技术服务团队全覆盖；总结推广绿色防控、种养循环、农艺农机融合等技术和模式，加快坝区农业机械化步伐，推进农业生产和加工废弃物综合利用；利用好省级坝区大数据平台和州级"合作社云平台"，发展坝区智慧农业、"互联网＋农业"，实现现代农业生产、流通、销售的实时监控精准管理和远程控制，提高坝区产业数字化、智能化水平。强化风险防控。一是利用"金农贷""农保贷"项目合并的时机，加大金融支持坝区产业发展力度，切实解决坝区经营主体融资难的问题；二是完善"农调扶贫险"的自然灾害和价格保险机制，

按照"有灾保成本、无灾保收益"的原则，稳步拓展坝区保险品种，扩大坝区农业保险覆盖面，实现坝区经营主体参保全覆盖，提升抵御自然灾害和市场价格波动双重风险的能力，切实保障坝区经营主体和农户基本收入；三是探索建立坝区土地流转风险保障基金和补偿机制，切实维护坝区农户权益；四是切实落实坝区"化肥使用量负增长，耕地质量等级不降"，确保坝区农产品质量安全。

（四）延长产业链条，进一步畅通销售渠道

延长产业链，提升坝区农产品附加值。针对坝区产业情况进行全面梳理，利用好坝区地理和农产品优势，推进坝区一二三产业融合发展，将种植、加工、销售、物流、农旅相结合，形成坝区多元化发展的态势，提高坝区亩产值，促进农民持续增收。加强产销对接，拓宽产品销路。一是利用好东西部扶贫协作的契机，持续打造粤港澳大湾区"菜篮子"基地，稳定原有销售渠道；二是深入推进品牌强农战略，提升坝区农产品分级包装、仓储物流、冷链运输、产品追溯等各环节水平，加大品牌培育推力度，打造坝区区域公共品牌、企业品牌和产品品牌；三是积极推进校农结合，将坝区建设成全州重要的保供基地；四是充分发挥省级坝区大数据平台、州级"合作社云平台"等电子商务和"万峰严选"等各类直播销售平台的作用，把坝区产品打造成"网红"产品。以规模、质量提升市场竞争能力。加大培育争创无公害农产品、绿色食品、有机食品、农产品地理标志商标力度。以坝区为基础打造优质农产品基地，逐步建立健全农业生产安全体系，压实市级部门的职能职责，实施产品与目标市场的全面对接，积极组织全市各类农产品参加各种全

国、全省、全州的农业博览会、农产品推介会、展销会，通过密切产销环节，实现品牌化销售，增加农民收入。

三、经验启示

（一）组织领导有力，强化措施落实

成立市级农村产业革命和坝区产业结构调整工作领导小组，加强对坝区工作的领导。先后制定出台了多个指导性和政策性文件，采取州、县联动方式，由市级领导定点督导坝区，县级领导承担坝区建设包保责任，实现坝区包保全覆盖，并根据省坝区领导小组安排，对坝区实行一个坝区一名县级领导包保的"坝长制"管理；提出"坝区调优，坡地调强"的一系列调整措施，要求坝区建设要聚焦产业革命发展"八要素"，采取一个坝区一个主导产品、一个龙头企业、一种发展模式、一条联结机制、一套工作方案的"五个一"措施，推进坝区产业结构调整新突破。在"企业＋基地＋农户"生产经营模式中得到充分体现。

经济发展不应是对资源和生态环境的竭泽而渔，生态环境保护也不应是舍弃经济发展的缘木求鱼，而是要坚持在发展中保护、在保护中发展。贵州省多个坝区以绿色发展理念为引领，摒弃损害和破坏生态环境的经济增长模式，依托自然优势发展特色产业，培育绿色发展新动能同时牢固树立和践行"绿水青山就是金山银山"的理念。

（二）夯实产业基础，精准产业选择

抢抓冬春农田水利建设关键时期，加快坝区高标准农田建设，

在原有基础设施上实施填平补齐、提质改造，推进土地平整、土壤改良、灌溉排水、田间道路等建设，积极发展温室大棚、微滴灌等设施农业，完善冷链物流等配套设施。按照"一业为主、多业共生、以短养长"的发展思路，精准选择坝区主导产业和配套产业，制定"一坝一策"方案，全面推进坝区产业结构调整，对坝区种植模式、组织方式、主导产业进行细化，实现清单化、规模化推进落实。选择产业，市场需求是风向标。为让适宜坝区种植的蔬菜等特色产业落地生金，各级各部门积极调研市场，结合坝区的气候、土壤特征，选准产业路子。

（三）强化技术支撑，加强坝区投入

培训农民和技术服务，是实现产业发展的人力和技术保障。有关部门、单位、企业根据各自的优势，积极开展技术培训。按照"一个坝区，一个技术服务团队"的技术服务全覆盖的要求，充分发挥省、州两级产业专班和贵州省优质粮油产业发展技术专家组的科技支撑，把技能培训和技术服务结合起来，组建了农业产业结构调整技术服务工作专班，负责做好产业选择、技术服务指导等工作，同时运用"万名专家服务三农行动"的机遇，组织技术人员深入生产一线和田间地头，对坝区春耕备耕中品种选择、田间管护、水肥管理、病虫害防治等技术要点进行深入培训，确保满栽满种。根据省坝区领导小组《关于印发〈贵州省坝区产值奖补实施细则（试行）〉的通知》（黔坝区领〔2020〕2号），开展坝区产值奖补申报。依据《省财政厅省农业农村厅关于下达2020年省级坝区农田基础设施建设财政奖补资金的通知》（黔财农〔2020〕72

号），争取到省级财政奖补资金。推进金融保险支持坝区建设，2020 年"农调扶贫险"通过"增品、扩面、降费、提标"的改革，坝区蔬菜可同时投保自然损失险和价格指数险等内容，实现农业保险坝区全覆盖。采取项目奖励、贴息贷款和企业自筹等方式，切实帮助企业解决融资难题。省农业农村厅将蔬菜、辣椒、食用菌等适宜坝区发展的产业财政资金，以每个产业 1 亿元的财政资金优先安排在坝区。

（四）构建坝区共同体，拓宽产销渠道

巩固和推广"企业＋基地＋农户"组织方式，构建坝区产业发展共同体，切实增强坝区合作社经营管理能力，发挥好合作社带动作用。强化党建引领作用推进党组织和党的工作坝区全覆盖，不断提升党组织统筹农村产业发展的能力。"企业＋基地＋农户"的组织方式，是最符合贵州地形实际、行之有效的现代农业发展模式，既发挥了龙头企业连接大市场的作用，又发挥了合作社组织农民、管理农民的优势，保障了农民土地流转、务工及在合作社分红等收入，同时壮大了农村集体经济，充分调动了企业、合作社、农民的积极性。

如以"菜篮子"保供为突破口，充分发挥坝区蔬菜产业优势，把兴义市十里坪坝区打造为全州蔬菜保供基地和粤港澳大湾区"菜篮子"基地。确保农产品自给自足的同时，适当调配保障重点县（市、新区）和学校、医院、企业等重点单位的保障力度，强化校农对接，提升农产品自产自销水平。与供销社合作，开展"校农结合"调研，组织贵州中信农联开发有限责任公司同坝区经营主体签订黔西南州"校农结合"产销直供基地合作协议。加强与贵州省蔬菜集团、贵阳市农业农垦投资发展集团有限公司等大型龙头企业开展合作，充分发挥贵阳大市场和全省流通配送中心作用，促进蔬菜产品更好更快地融入全省、全国农产品流通市场体系。利用"万峰严选"贵州省首个直播电商基地平台，为坝区产品产销提供精准高效的信息支撑。贵州建立省市县三级农业产业结构调整农产品产销调度机制，推动农产品在对口帮扶城市展销。建立贵州绿色农产品直供直销通道，实施农校、农超、农医等对接。搭建全省冷链体系运营管理数据平台，实现货、车、库有机衔接，销售渠道更畅。

实施农村产业革命，就是要用好贵州交通建设通江达海、进村入户的大好机遇，用足贵州天蓝、地洁、山青、水秀的优质生态资源，用活国家支持贵州后发赶超的政策项目，找准贵州产业发展的特色和优势，实现农业增收、百姓致富。实践证明，实施500亩以上坝区产业结构调整正当其时，成效斐然，经验深刻，必将让贵州彻底摆脱千百年来"小农经济"的种种弊端，强力破解困扰贵州"三农"发展的瓶颈制约，让贵州农业强起来、农村美起来、农民富起来。

第二节　利益联结，破解"坝区"发展难题

近年来，贵州省为切实推动传统农业向现代农业迈进，实现农业增产增效、农民增收，助力脱贫攻坚和乡村振兴，做出了将500亩以上坝区作为深化农村产业革命的主战场和推进农业现代化的主抓手，纵深推进坝区农业产业结构调整，加快将坝区培育成全省农业现代化的样板田、科技田、效益田，打造成贵州农业高质量发展的"聚宝盆"，引领传统农业向农业现代化迈进的决策部署。

然而，贵州省500亩坝区农业产业结构调整中仍然存在诸多的突出问题：坝区基础设施薄弱和不完善，普遍存在结构不优、不配套等问题，造成坝区抵御自然灾害能力不足；冷库与冷链车总量不足，布局不平衡；经营主体引领作用不强、产销体系不完善、产业选择不精准、规模"散、小、弱"、土地流转率及水平较低等。坝区人民以前主要靠种一些稻谷、玉米或者蔬菜为生，没有技术含量，导致产量普遍不高，量少因而售价不高，卖不上好价钱，甚至卖不出去，经济效益不好，进而造成农民没什么收入，对农业种植逐渐丧失了积极性，年轻人普遍外出打工，进一步导致土地荒废，农村一片萧条景象。

因此，贵州省坝区积极扶持壮大农业产业化龙头企业，推行"龙头企业＋农民合作社＋农户""集体经济＋农户"等利益联结模式，有效助推群众脱贫致富。引导农产品深加工，企业通过产

程分工、关联经营、集群发展等形式延长农业产业链条，积极为失地群众、返乡农民工解决就业问题，创新利益联结共同体。并健全完善农产品最低收购价格机制和风险保障制度，引导龙头企业与农户形成利益共享、风险共担的利益连接关系，有效防范化解农业产业风险，减除农户的后顾之忧。大力推广订单生产、反租倒包、产业托管、入股分红、资产收益等利益联结方式，合理确定农户在产业链、利益链、价值链中的合理地位，着重推动利益分配向贫困户倾斜，切实增加农民收益。有的坝区积极推广"六大分红模式"，实行土地所有权固定分红、土地承包权保底分红、土地经营权阶梯分红、农户务工劳务分红、落实产业发展帮扶分红、鼓励返租倒包分红，让农民分享全产业链和全价值链的增值收益，打造坝区产业发展利益共同体。目前，坝区的利益联结模式主要有以下几种。

一、"保底收益 + 按股分红"模式

"保底收益"是由公司每年按照入股资金兑现量化固定收益，而"按股分红"是从项目运行所获得的年度纯利润中，按照入股资金所占股份获得的年度纯利润全部返还给村集体或个人。农户通过入股将从土地承包经营权分离的经营权让渡给土地股份合作社。农户入股后保留承包权，不仅可以分享入股收益，还享有承包权的转让权、承包地被征收时基于土地承包经营权获取的土地补偿费等权益。对土地股份合作社采取"保底收益 + 按股分红"，不仅可以对土地股份采取保底收益，还能获得按股分红。对土地股支付保底收益，有利于吸引土地经营权入股；对土地股按股分红又有利于其更

充分地分享土地股份合作社种植、加工、销售等经营环节的收益。还可以揭示承包地入股兼具出租与出资的双重属性——保底收益类似于出租的租金，按股分红相当于出资的股息。

基地实行"公司＋合作社＋基地＋农户"的管理运行机制，充分发挥合作社示范带动作用，积极吸纳当地农民和贫困户自愿以土地入股等多种方式加入合作社，采取"保底收益＋按股分红"等方式，共享产业融合发展的增值收益，实现参股经营有"红利"。如鲁班隆堡社区农保有机农业专业合作社，统一对农户土地进行流转，交东升农场和倚天旅游公司经营，两个公司每年给予合作社14.27万元固定分红（东升农场3万元，倚天旅游公司11.27万元），合作社进行二次分配，除分配给土地承包户土地流转金和分红外，还分红给社区67户贫困户每户每年1000元的发展奖补资金，涉及贫困户67户229人，剩余部分作为村集体经济积累。

为了拓宽群众的增收渠道，铜仁市在坝区产业发展中，大力推广"政府＋公司＋合作社＋农户"发展模式，不断深化"三变"改革，对有资源资产资金的农户，引导和鼓励其以农用地、宅基地、设施设备以及财政扶贫资金、产业扶贫奖补资金等折股量化入股龙头企业、合作社等经营主体，实行"保底收益＋按股分红"的入股联结。对有劳动能力且有务工需求的农户，引导和鼓励龙头企业、合作社等优先吸纳就近就业，实行"保底工资＋超产分成"的劳务联结。对有销售需求的农户，引导和鼓励龙头企业、合作社优先与农户签订稳定的购销合同，通过保底价收购、利润返还、建立风险基金等方式，形成稳定购销关系，实行"保底收购＋市场价适当上浮"的订单联结。

二、"龙头企业 + 合作社 + 农民"模式

因地制宜推广"龙头企业 + 合作社 + 农户"组织方式是纵深推进农村产业革命、全力打赢脱贫攻坚战的重要保障。贵阳市在建设坝区时，积极引进龙头企业，按照"龙头企业 + 合作社 + 农户"的模式，采取农户以土地流转或入股的方式，由龙头企业代建基地，基地建成后农户可选择自行管理或企业托管，农户按照保底分红和收益分红的"三变"模式保障收益。都匀蔬菜直销粤港澳，赫章香葱涌进长三角，威宁"三白"蔬菜出口东南亚，众多特色农产品依靠"龙头企业 + 合作社 + 农户"的利益联结机制，走规模化、集约化、品牌化的产业之路奔向广阔市场，变成真金白银。"一夜东风满树花"，贵州大地上的500亩连片以上坝区，以"龙头企业 + 合作社 + 农户"组织方式的新型农业社会化服务体系正在不断搭建和完善。这一契合现代农业发展要求的生产关系，正以抱团出击、利益共享的崭新方式，迸发出强大的生产力，让贵州特色农产品正以规模化、规范化、品牌化的发展态势，闯荡全国乃至海外大市场，如猛虎下山风行天下。

在大方县兴隆乡狮子村，从广州回乡的村民张天荣创办了贵州张氏云贵蔬果开发有限责任公司，一头连着市场，一头连着基地。基地每天有30吨蔬菜直供公司在广州、虎门的销售档口。以"龙头企业 + 合作社 + 农户"的模式，该公司辐射带动周边种植发展蔬菜12000多亩，带动上千人增收致富。长期以来，印江广大农村

群众以传统种植经营为主，产出的富余农产品时常背到集镇销售。但由于销路不畅，市场需求不多，往往好货无好价。近年来，该县按照"农业工业化、农民工人化、生产精细化、管理现代化、产业市场化"的思路，通过引进龙头企业，对全县 13 个 500 亩以上坝区进行产业调整规划，既转变种植方式，也解决销售难题。龙头引领销路畅。印江各地坝区采取"龙头企业 + 合作社 + 农户"模式，不仅实现产业小、散、弱向规模化标准化的转变，也进一步畅通销路，让农业增效，农民增收。

普定县新中田坝区采用"龙头企业 + 合作社 + 农户"模式，立足资源优势，明确韭黄产业作为坝区主导产业，通过种植韭黄，实现年亩产值达 12000 元，带动 503 户 2071 人稳定增收（其中贫困农户 726 人）。榕江县忠诚坝区位于县城以北 10 公里的地方，周边有黎榕、厦蓉高速和贵广高铁，交通十分便利。坝区涉及 5 个村，拥有 4000 多亩良田，与古州车江大坝相连，构成闻名全省的"车江万亩大坝"。坝区属亚热带季风湿润气候，全年日照时间长，水资源充沛，是种植蔬菜产业之地的最佳选择。对口帮扶榕江县的瓮福（集团）有限公司成立了贵州瓮福榕江农业开发有限公司，在忠诚镇流转 540 余亩土地建立了蔬菜示范基地，采用"龙头企业 + 合作社 + 农户"模式带动农户蔬菜种植。实行"统一种植保障、统一栽种标准、统一配方施肥、统一防治归程、统一市场销售"模式，让农户不承担任何经营风险、不用出资一分钱，在获得土地流转费的同时，还能在家门口就业。如今，企业与合作社、家庭农场、种植大户合作开展蔬菜种植的作用正在逐步显现出来。贵州瓮福榕江农业开发有限公司的基地就与碧盛源合作社以及兴武、快发家庭农场和种植大户合作，带动 200 户以上农户发展蔬菜种植。

大力推广"龙头企业＋合作社＋农户"组织模式，是最符合贵州地形实际、行之有效的现代农业发展模式，既发挥了龙头企业连接大市场的作用，又发挥了合作社组织农民、管理农民的优势，又保障了农民土地流转、务工及在合作社分红等收入，确保坝区结构调整惠及更多农民增收、企业增效和农村集体经济发展，让沉睡的资源变成发展的资本。

三、"农村集体经济组织 +N"模式

农村集体经济组织的经营体制是以家庭承包经营为基础，统分结合的双层经营体制，其在经济和社会两方面都有着重要的意义，从经济方面来看，集体经济能有效地带动当地经济的发展，减少交易成本，形成规模优势，使农户与市场结合得更加紧密，减少了农户的风险；从社会方面来看，集体经济的支出主要用于行政性事务和公共事业，给当地百姓带来了福利，并且使政府缺口巨大的农村基础性建设支出得以缩小，有利于农村经济社会的长远发展。

从集体经济总体发展来看，贵州省大多数村镇并没有集体经济，集体经济发展存在着差距大、规模小、效益低的特点。在集体经济发展方面仍然存在着政策扶持不到位、村"两委"承担风险能力低、项目资金难引入、缺乏农村实用性人才等多种问题。为了壮大村集体经济，推进脱贫攻坚和乡村振兴、实现共同富裕。近年来，凯里市开怀街道积极创新思路、大胆尝试，通过"+N"发展

模式着力发展壮大村集体经济。

采取"公司企业＋集体经济"模式。成立村级经济公司 3 个，村两委牵头领办的合作社 10 个，依托经济实体，壮大集体经济。养朵村乌蒙农业合作社依托茶业产业，采取合作社出技术，村集体出土地，投入财政扶贫资金 176 万元作为 88 户贫困户固定入股资金，种植茶叶 500 余亩，该合作社 2018 年上半年召开分红大会，每亩土地补助 1000 元，"抱团取暖"初现成效。

采取"三变改革＋集体经济"模式。以农村"三变"改革为契机，以农业特色产业开发为载体，以结构调整为主线，以农民增收为核心，以深化改革为动力，全面清理"三资"情况，并依法合理开发利用村域资源，增加集体收入。例如，30 万扶贫财政资金入股开怀村放心蔬菜基地，每年分红 8 万元，其中 30 户建档立卡贫困户每户分红 2000 元，10 个行政村每村分红 2000 元。

采取"特惠贷＋农村专业合作社＋集体经济"模式。按照政府引导、贫困户自愿原则，对没有能力发展产业的建档立卡贫困户，按"特惠贷＋农村专业合作社＋集体经济"的利益联结机制，农户申请"特惠贷"资金入股农村专业合作社，合作社又将归集到"特惠贷"资金投资扶贫公司参与实施停车场项目，扶贫公司每年按年化收益 9% 提前支付红利，其中村集体经济占 1%、贫困贷款户占 8%。

采取"异地置业＋集体经济"模式。坚持统筹规划、市场主导、整合资源和示范引领，积极引导位置偏远或受规划限制的行政村，到凯里市区异地置业，通过物业租赁方式增加集体收入。

赤水市将利益联结和党建引领放在了产业发展的突出位置。将龙头企业、合作社、农民三者构建为"产业发展共同体"，探索形成"五统两分一带"运作模式、"127"为主利益联结机制（10%分给村集体，20%用于村集体发展资金，70%用于坝区群众分红），让农户与坝区产业发展挂钩，参与集体经济和合作社的经营发展。农户通过土地流转得"租金"、务工就业得"薪金"、资金入股得"股金"、企业盈利得"溢金"。目前，4个坝区引进市场经营主体8个，成立专业合作社5个，带动932户3084名农户人均增收4100元。

四、"订单农业"模式

订单农业又称合同农业、契约农业，是近年来出现的一种新型农业生产经营模式，农户根据其本身或其所在的乡村组织同农产品的购买者之间所签订的订单，组织安排农产品生产的一种农业产销模式。订单农业很好地适应了市场需要，避免了盲目生产。贵州省坝区积极支持引导企业、合作社与农民订立具有法律效力的统购统销订单合同，龙头企业、合作社提供种苗、农资等生产资料和生产技术服务；农户按照龙头企业、合作社的标准进行生产，保证农产品质量达标。农产品收获时，龙头企业、合作社按照不低于保护价的价格进行收购（在市场价低于保护价时，以保护价进行收购；市场价高于保护价时，以市场价收购）。降低农户前期生产投入，解决农产品销售难题，保证农民预期收益。实现订单农业有"订金"。

众所周知，农业生产最需解决的问题就"种什么""怎么销"两大难题。传统农业都是先生产，后销售，以往这种老旧的方式使得销售成了棘手的现实问题，很多蔬菜种植出来因为找不到合适的销售渠道而烂在田间地头，这严重影响了农民的生产积极性。为促进农业增效、农民增收。瓮安县银盏镇新华村紧紧围绕产业"八要素"，因地制宜、调整农业产业结构，做好产销对接，将订单产业逐步发展壮大。2019 年 12 月，新华村相关负责人与铜仁市思南县的贵州佳里佳农业发展有限公司达成协议。通过"公司＋合作社＋农户"发展模式，在新华村种植红薯，由公司派专业人员到田间定点开展技术帮扶，指导农户种植，并采取"订单种植、合同收购、规范管理"的方式，做好产销对接，保障农户利益。2020 年 8 月还与贵州领丰农业有限公司签订合同，以"订单农业"形式发展红菜薹 500 余亩，带动了更多老百姓就业增收。

农民们常说："手中有订单，种养心不慌。"为了让种植户能够主动加入辣椒产业发展，岑巩县采取"公司＋合作社＋农户＋基地"模式，依托公司市场和技术优势，引进和组织麻江明洋食品有限公司与贵州融兴贸易公司签订辣椒订单种植收购协议，再由贵州融兴贸易公司与村级合作社签订协议，村级合作社与专业合作社、大户、农户、贫困户签订收购协议，以订单农业促进辣椒产业化发展水平。目前，全县共落实合同 10000 亩，落实企业 1 个、合作社 21 个。退役军人邓发明自主创业，创办众创未来农业科技有限公司以订单农业的模式，带动群众发展果蔬种植。2019 年，公司共发动 300 多户当地群众种植辣椒 4500 亩，助力群众增收致富。让群众打消了产品滞销的顾虑，给他们吃下了定心丸，现在，群众发展辣椒种植的积极性都很高。

第三节　创新驱动，搭建坝区大数据平台

作为全国脱贫攻坚主战场，近年来，贵州加快推进大数据与乡村振兴深度融合，运用大数据信息化技术促进农业提质增效，为乡村植入"大数据"基因，是深入实施乡村振兴战略的重大举措。

在习近平总书记的重要指示批示精神指引下，贵州牢记嘱托、感恩奋进，始终把发展大数据作为践行"两个维护"、守好"两条底线"的政治责任。认真贯彻落实习近平总书记关于大数据战略的系列重要指示批示精神，牢牢守好发展和生态两条底线，坚定不移实施大数据战略行动，深入推进大数据与各行各业融合发展，有力推动了贵州大数据跃上新的台阶。始终把发展大数据作为谱新篇走新路的重要路径。当前正值百年未有之大变局，新的技术革命和产业革命方兴未艾，以大数据和泛在互联网为代表的新一代信息技术正在引领这一轮技术革命。

作为全国脱贫攻坚的主战场，贵州通过大数据信息化技术促进农业提质增效，通过"大数据＋农业"深化农村产业革命，让大数据贯穿农业的种植、运输、销售等各个环节，提高了农业生产数字化、精准化和智能化水平。一方面，贵州加快农村管理服务数字化

进程，在 500 亩以上坝区建设农业大数据平台，实现了对农产品的数字化管理；另一方面，运用大数据，推动构建现代农业生产、经营、销售体系，推动黔货"出山"。

一、大数据平台创新驱动产业发展

（一）大数据是发展现代坝区特色高效农业的重要支撑

"农业强不强、农村美不美、农民富不富"，是农村产业革命的出发点和落脚点，也是实施乡村振兴战略的目标任务。强化大数据应用，发展智慧农业，是大数据发展的最大特征和价值所在，大数据应用为农业提供了无限可能。这是农村产业革命向纵深发展的前进方向，是农业转型升级的有效路径，是贵州省发展现代山地特色高效农业的重要支撑。

长期以来，贵州农业以粗放型农业为主，农业生产监测能力不足、评价的标准适用性差，农业生产监测与信息化管理领域现代化应用明显滞后，与我国中东部地区差距明显。农业基础设施薄弱，现代化农业科技体系建设不完善，核心关键技术研发力量不足，信息化技术与农业生产监测融合不够，数据整合共享不充分、集成开发信息系统应用不够，农业科技产业化和现代化水平不足，是制约贵州省农业生产监测与信息化管理发展的主要因素。

2018 年，"大数据 + 农业"伴随着农村产业革命的在全省各地不断向前推进。如水城县米箩镇润永恒猕猴桃基地，建设气象信息采集系统、智能浇灌系统以及虫情测报系统，通过智能化种植，人工成本降低 36.5%；修文县发展"大数据 + 猕猴桃"进入全产业链，通过大数据技术系统布局全县猕猴桃的生产种植、农业旅游、深度加工、多方销售、资金融资等多个模块，覆盖面积达到全面挂果面积的60%。罗甸县通过"互联网＋农产品"的农业电子商务模式，使县域内的火龙果畅销至全国各地。

实践证明，强化大数据在农业上的应用，有助于降低人力资源成本、扩大生产规模、增加农业产业链价值、提升农产品市场竞争力、促进绿色发展，是实现山地特色现代高效农业的发展路径。随着农村产业革命向纵深推进，必须进一步强化大数据在农业生产、农业统计、市场销售和农业监管上的广泛应用，推进贵州农业智能化发展。

（二）大数据是驱动坝区农业产业创新发展的先导力量

贵州省发展现代山地特色高效农业的关键技术之一便是"大数据＋农业"，主要体现在以下三个方面：

一是大数据有效推动农业生产精量化。坝区农业生产应用大数据是贵州农业现代化发展的重要路径，构建前端种植（养殖）到末端销售全流程监测管理大数据平台，主要内容是加强对产业育苗（种）基地、大田生产基地、扩繁养殖基地、种植（养殖）基地、加工企业等农业生产主体的多尺度数据监测与管理分析，利用监测结果科学决策产业选择、种植养殖过程措施、质量控制管理、包装销售溯源、售后服务等生产管理行为。并进一步精细化指导农业节水灌溉、科学节肥、绿色节药、降费和农业气象预报等精量化生产，促进农业降本增效、提质增量。

二是大数据高效推进农业统计精准化。贵州农业资源禀赋和区域生产格局差异明显，传统方法或单一技术手段难以实现农业资源调查的空间格局与演变趋势精准监测。让大数据产业为农业资源调查"赋能"，基于物联网节点感知、无人机监测、卫星遥感等空地一体化的信息采集技术与装备，构建"天—空—地"一体化的农业资源调查监控体系，综合实地调查、统计汇总方式，提升贵州农业资源监测管理现代化水平，及时进行动态监测和统计，确保做到对农业发展"底数清""情况明"，形成空间管理决策分析支持技术下的农业资源监测精准化评价、可视化管理、智能化决策模式。

三是大数据制导农业产销对接精确化。当前贵州农产品质量评价、农产品质量安全风险评估、监测预警指标体系缺乏，没有地方标准，数字化程度低。应用大数据技术对全国、周边省份和全省相关农产品价格、成本等市场情况开展动态监测，开展农业生产、销售最优诊断指标与风险阈值体系构建，发展农村电商。通过大数据精确定位目标市场、精确评估销售价格、精确预报销售数量，实现产销有效对接。

四是大数据全面提高农业管理精细化。为农业高效管理提供具有时空信息的大数据，建立农产品质量追溯体系。应用大数据技术加强农产品"生产监测—流通分区—加工智能—销售预测"等全流程一体化的精确管理作业决策与智能预测预警，实现农产品生产全时空信息感知、流通风险动态评估、加工智能化、销售预测预警，切实提高农业生产数字化、精准化、可视化和智能化水平，推进农产品安全生产、放心食用，助力贵州乡村振兴与现代农业发展。

二、贵州省 500 亩以上坝区农业结构调整大数据平台

（一）平台建设背景

为推动贵州省 500 亩以上坝区农业产业结构调整，按照贵州省委、省政府安排部署，贵州省大数据发展管理局牵头建设贵州省 500 亩以上坝区农业大数据平台。2018 年 12 月 25 日，贵州省 500 亩以上坝区农业大数据平台移交会在贵州省农业农村厅举行，标志着"一云一网一平台"模式建设的贵州省 500 亩以上坝区农业大数据平台成功移交。

目前，贵州省 500 以上坝区农业结构调整大数据平台已正式上线试运行，主要实现一体化数据采集填报体系、"一坝一策"进度管理功能、坝区农业情况统计与分析功能三大特色功能。

（二）平台主要功能

1. 数据填报

数据填报主要包括通用的农业数据采集和业务报表定制两部分。数据填报的开发主要遵循"灵活可扩展"的原则，支持对各类采集报表模版、采集指标、采集对象、采集流程可视化定义和灵活可配置，"随需而变"地满足全省 500 亩以上坝区各类信息填报工作需求。

2. 进度管理

面向省级农业农村管理部门，建立全省 500 亩坝区农业结构调整进度管理，为农业结构调整的进度管理工作提供支撑。主要包括：进度执行情况查看、进度统计分析、结构调整星级评比等主要

功能。

3.统计与变化分析

开发统计分析及可视化展示系统，实现对全省 500 亩以上坝区农业生产情况的全面统计分析、查询浏览、可视化展示等功能，为农业产业结构调整提供决策支撑。开发统计分析及可视化展示系统主要包括：领导驾驶舱、坝区总体概览、坝区空间分布（国土 GIS 底图整合叠加处理、大坝空间可视化、大坝统计分析）、坝区按地区统计、单个坝区概览等功能。

（三）平台主要服务需求及设计要求

1.数据填报服务

数据填报服务由通用的农业数据采集平台和业务报表定制两部分组成，支持对各类采集报表模版、采集指标、采集对象、采集流程、采集频度、采集时间的在线可视化定义和灵活可配置，"随需而变"的满足全省 500 亩以上坝区各类信息填报工作需求，快速适应采集任务扩展、指标变更、监测点调换等变化，将坝区的数据采集业务整合为一个"大系统"。

（1）农业数据采集平台

包含统一指标库、统一报表模板库、报表设计组件、表样设计组件、填报范围管理组件、填报流程管理组件、填报频度管理组件、任务下发组件、待办任务组件、数据填报组件、数据审核组件、任务跟踪组件、数据校验组件。农业数据采集平台具体设计要求如表所示。

表8 农业数据采集平台具体设计要求

服务内容	设计要求
统一指标库	以数据指标的管理为核心,支持对指标进行灵活分类。在各指标类别下维护指标,对指标名称、编码、单位、版本等进行统一管理
统一报表模板库	采集填报表和统计报表的模板库,支持多种报表(表单)类型
报表设计	支持通过简单配置,即从指标库里选择相应的指标组成报表的宾栏和横栏(且宾栏和横栏支持多级),快速创建一张新报表,并支持报表的头尾信息项可配置
表样设计	通过可视化拖拽的方式绘制报表样式,支持对数据类型、显示样式、校验公式、自动计算公式、填报属性进行个性化定义
填报范围管理	对报表的填报范围进行配置
填报流程管理	支持多种常规的数据填报审核流程,也可以自定义数据审核节点
填报频度管理	对报表填报期别进行动态配置,支持日报、周报、旬报、月报、半年报、年报、不定期报等
任务下发	支持采集任务一次性下发、分级下发、补发等操作
数据填报	坝区所在地区的信息采集人员可在PC端进行数据填报
数据审核	数据审核服务支持单表审核及汇总后的过录表审核两种模式
任务跟踪	任务跟踪服务支持对所有采集报表的上报情况进行统一监控,提供上报状态查询、上报进度查询、催报等服务,汇总审核人员能够实时查看单个采集任务的上报情况,并可查询单个采集任务的报送情况
数据校验	为采集报表定义表内、表间的逻辑校验规则和基于公式的警示校验规则,提高数据填报质量

（2）坝区空间数据更新管理模块

在用户更新大坝空间分布数据后，能够按行政区划自动更新生成大坝基本情况数据。

（3）基层用户数据填报

基层数据采集部门，基于农业数据采集平台的数据填报组件，按权限完成辖区内每个坝区各类信息的填报。

（4）数据汇总审核

基于农业数据采集平台的数据审核组件，各级上级管理部门能够按乡镇、区／县、市／州、省进行填报数据的逐级汇总与审核。

（5）数据填报情况统计

基于农业数据采集平台的任务跟踪组件，对各地各类数据填报情况进行统计。

2. 进度管理服务

进度管理服务主要包括进度执行情况看板、进度统计分析、单个坝区星级评比看板、结构调整星级评比等主要服务。进度管理服务具体设计要求如表所示。

表9 农业数据采集平台具体设计要求

服务内容	设计要求
进度执行情况总览	为各级农业管理部门用户提供一站式了解和掌握相关区域的坝区农业结构调整的进度执行情况
进度统计分析	查看所属区域下的星级评比排名，指定时间、指定坝区、指定地区的农业结构调整进度进行统计分析和综合展现

结构调整效益分析	对坝区结构调整涉及的贫困乡（镇）、极贫乡（镇）、贫困村、深度贫困村、贫困户数，农民增收等情况进行统计，以及上述指标的区域同比、环比、时间序列分析、趋势分析
结构调整星级评比	定期对全省各地大坝农业结构调整及效益情况进行评分，生成"黑白榜"及其评比报告
单个坝区星级评比概览	为坝区农业产业结构调整负责人员提供单个坝区农业产业结构调整进度情况及效益情况的信息展示和调度服务

3. 统计与变化分析服务

（1）统计分析指标概览

为用户提供简洁直观的数据决策支持功能，提供简明扼要的全省坝区主要统计分析指标的概览情况，能实现智能关联查询，提供全省各市州、区县的坝区信息统计情况，了解全省各市州、区县的坝区信息统计情况如坝区概况、坝区数量、种植结构和社会经济等。

（2）坝区总体概览

以行政区划为统计维度，为用户展现所选行政区划内坝区的综合统计信息，包含行政区划选择功能、主要业务指标展现和坝区变化分析图表。

（3）坝区空间分布

集成整合 GIS 数据，依据用户数据权限，为全省 500 亩以上坝区主管部门提供以坝区空间分布地图为基础的数据查询和统计分析服务，包括 GIS 底图整合叠加和坝区空间可视化。

（4）坝区统计分析

包括坝区基本情况统计、坝区空间分布地图、坝区基本情况对比分析、坝区基本情况变化分析等内容服务。

（5）按地区统计

依据用户数据权限，为全省 500 亩以上坝区主管部门提供坝区分类主题指标的按地区维度数据统计分析服务。

（6）单个坝区概览

单个坝区的综合情况和坝区农业结构调整进度情况的概览，单个坝区综合情况（包括坝区基本情况、坝区种植情况和坝区农业社会经济情况）。

4. 数据服务

提供坝区相应的数据服务，主要包括建立坝区数据仓库、相关委办厅局数据的收集整理服务、数据处理服务等内容。数据服务设计要求如表 10 所示。

表 10　农业数据采集平台具体设计要求

服务内容	设计要求
建立坝区数据仓库	根据坝区数据存储、查询、分析应用需求，建立全省坝区数据仓库
相关数据收集、整理、导入服务	收集并整理相关委办厅局的数据，并导入数据仓库中
数据处理服务	根据数据字典实现坝区数据基础代码转换，实现各部门数据关联整合处理

5.GIS 地图服务

提供 GIS 数据服务，实现交通、水系、土壤、大坝等自然资源数据的二维可视化呈现及动态分析、统计等，为贵州省坝区农业产业结构提供空间数据服务和信息技术保障。GIS 地图服务具体设计要求如表 11 所示。

表 11　农业数据采集平台具体设计要求

服务内容	设计要求
GIS 数据专题服务	按行政区域或坝区开发数据分析专题
GIS 数据处理服务	坝区数据发布及整理、图层数据切片处理、图层数据叠加
搭建地图服务平台	根据 500 亩大坝用户需求，协助用户收集大坝空间、土壤、气象等 GIS 数据，搭建服务平台，实现单点登录、系统集成、图层切换、坝区定位等功能

6. 云资源与安全保障

提供能够满足大数据平台正常、稳定、可靠运行的云上贵州云资源服务。依照三级等保要求提供安全保障产品及服务，能够在统一安全策略下防护系统免受来自外部有组织的团体、拥有较为丰富资源的威胁源发起的恶意攻击、较为严重的自然灾难，以及其他相当危害程度的威胁所造成的主要资源损害，能够发现安全漏洞和安全事件，在系统遭到损害后，能够较快恢复绝大部分功能。

7. 运行维护

运行维护主要包括系统维护、应急响应、故障处理、系统培训和咨询服务。运行维护具体设计要求如表 12 所示。

表 12　运行维护具体设计要求

服务内容	设计要求
系统维护	对应用系统、数据库、云服务主机、安全系统等，安排专人开展维护，保障系统稳定运行
应急响应	7×8 小时专人值守和 7×24 小时轮班电话值守，10 分钟响应应急事件
故障处理	针对不同等级故障定级，按规范及时处理服务过程中出现的故障问题。常规问题，1 小时内提供解决方案，重大故障问题 4 小时内排查问题，提供解决方案
系统培训	在平台运行过程中，根据用户需求，开展平台用户使用培训
咨询服务	对关于系统使用等问题提供咨询服务

8.产品升级

在大数据平台的运行过程中，在项目整体需求框架范围内，针对用户的反馈意见和新需求，及时评估后进行产品升级。结合用户在使用过程中的反馈意见，不断完善优化大数据平台，稳步推进大数据平台在全省范围的推广应用，让大数据平台越来越好用、管用，为贵州省农业产业结构调整提供大数据平台支撑。

三、贵州省农业产业结构调整遥感监测系统

（一）建设背景与目标

1.建设背景

大数据正为贵州农业装上一颗"智慧芯"，驱动现代山地特色高效农业快速发展。农业产业结构状况直接关系到广大农民的收入水平和城乡人民物质文化水平，要推进农业供给侧结构性改革，必

须加快转变发展方式，调整优化种植结构，全面提高发展质量。

贵州省农业产业结构信息化建设与管理工作还处于起步阶段，现代化技术应用还较少，管理手段较为落后。对于农业产业信息获取与分析仍以人工统计方式为主，尤其是全省范围内，该方式效率低，且精准度不高。统计数据以文件或文档方式存储管理，缺乏统一标准的相应数据库建设。对于农业产业信息监测、成果展示与分析等缺乏相应的软件平台。

为了实现贵州省农业产业信息的精准化和科学化管理，提升工作管理水平和效率。进一步核实和掌握贵州省农业产业结构调整的实际状况，对农业产业结构调整优化提供有力数据支撑，由贵州省自然资源厅牵头负责实施在全省开展农业产业遥感监测工作。贵州省先后编写完成了《贵州省农业产业结构调整遥感监测总体方案》《贵州省农业产业结构调整遥感监测工作方案》《贵州省农业产业结构调整遥感监测实施方案》《贵州省农业产业结构调整遥感监测平台建设方案》《贵州省多源遥感影像分析报告》《贵州省农业产业结构调整遥感监测地理国情地表覆盖数据分析报告》及《贵州省农业产业结构调整遥感监测数据库建设标准》。借助遥感（RS）、地理信息系统（GIS）、全球卫星定位系统（GPS）和移动通信等先进的技术手段，帮助实现农业产业结构的动态监测和评价，充分利用 GIS 的数据分析和决策等功能，最大限度科学准确地掌握和评估全省及坝区农业产业现状，为产业发展提供决策依据。

2. 建设目标

贵州省农业产业结构调整遥感监测系统目标是服务于全省农业

产业结构调整的外业数据采集、数据管理、数据分析等需求。基于"一个框架":在"云上贵州"构建贵州农业云框架,为农业应用提供基础设施及服务、平台及服务。"两大支撑":以贵州农业大数据中心、一张图平台为基础,实现涉农数据的整合集成、开放共享与地图可视化分析。"三个统一":统一标准、统一数据、统一管理,在云框架下,统筹建设,共享数据。"四大体系":构建农业数字(监测感知)、农业生产管理、农产品市场销售和农业监管服务,并以此为基础,构建农业产前、产中、产后的多个应用系统。

贵州省农业产业结构调整遥感监测由贵州省第二测绘院负责建设,建设目标是实现对全省及坝区农业产业结构信息的精准获取、数据建库与管理、监测信息发布、动态信息查询与统计分析等功能,为全省及坝区农业产业结构信息管理和辅助决策提供支撑。

(二)总体结构

贵州省农业产业结构调整遥感监测系统主要围绕贵州省农业产业结构信息化"一库"+"一图"+"一平台"建设内容,在进行农业产业结构信息数据设计的基础上,研发支持数据采集、监测、管理、共享、发布、分析与决策等功能相关的软件系统。主要包括:农业产业结构数据库设计、农业产业结构信息外业采集系统、农业产业结构数据管理系统、农业产业结构一张图系统、农业产业结构信息监测与分析平台等软件系统。通过建设这些软件系统构建农业产业结构信息化和精准化管理的数据和信息平台基础。

为了保证农业产业结构项目的推动,实现内外业一体化、大数据统计分析等功能，项目共形成了 10 个系统工具以保证项目的顺利实施，项目同时提供了农业产业结构大数据的组织方式，通过结合大型关系型数据库 Oracle、分布式空间数据搜索引擎 ElasticSearch、阿里云 OSS 文件存储技术和 Redis 缓存技术，能够满足农业产业结构空间大数据的存储以及实时的查询统计的要求。

（三）农业产业结构数据库设计

农业产业结构数据库主要包括遥感数据、国情数据、农经权数据、作物类型解译标志、作物类型数据等。农业产业结构数据库设计，需要在统一的数据库的标准之上，不仅要满足多重范式，以减少数据的冗余和耦合，而且还要满足大数量数据展示、数据分析的需要，分析不同数据库表格之间的关系，为后面的 4 个软件系统，提供规范化、可扩展的、多源时空数据融合的、鲁棒性强（稳定性好）的农业产业数据库。

数据库中，遥感数据、国情数据、农经权数据需遵循各自现有的数据内容规范。作物类型解析标志，包括图斑、乡镇、户主以及农业产业园区等属性。其中，图斑属性包含图斑的形状（点、面）、作物类型，以及和图斑相关的其他属性如面积、坡度、坡向、降水、种植季节、种植时间、多媒体信息等数据。乡镇属性包括乡镇的名称，不同作物类型的产值、面积以及各种社会经济状况（如产值、收入、人口比重等）。户主属性包括户主信息（如姓名、性别、年龄、身份证号、民族、文化程度、健康情况等）以及各种家庭信息（如收入、耕地面积、人口数、是否贫困、劳动能力等）。农业产业园区包括产业园区的区域信息，不同作物的面积、产量、产值、园区收益、经营主体信息等。

作物类型数据的具体内容与作物类型解译标志相同，数据库设计中需将两块分别存放，其中作物类型解析标志为外业采集获取的作物样本信息，而作物类型数据则是内外业得到的作物图斑信息。具体的作物内容，自行借鉴贵州省常见的作物，要求数据库能够根据采购方的需求，动态添加监测对象。

（四）系统主要功能

1.农业产业结构信息外业采集系统

农业产业结构信息外业采集系统包括外业采集系统和数据查询系统。系统主要负责农业产业结构信息的外业采集工作。外业采集数据查询系统主要对外业采集数据的查询统计，以便外业及内业人员对外业数据采集情况及进展进行实时查询与统计。外业信息采集系统分专业人员和非专业人员使用，为外业信息采集提供方便的空间要素采集与编辑、属性数据采集与编辑、多媒体信息采集与编辑、草图绘制等功能，同时提供定位模式选择、轨迹记录、数据上传与下载、统计分析、版本更新、用户管理等功能。采集信息管理系统主要作为外业信息采集系统的网页管理端，为外业信息采集系统提供了用户管理、空间信息查询、属性信息查询等功能，同时作为外业信息采集系统的服务端用于接收和下发农业产业图斑、轨迹、草图等信息。

（1）系统目标

从贵州省农业产业结构遥感监测对象的类型和布局、数据存储的内容和标准、数据处理的流程与模型以及农业产业结构相关专题信息等方面入手，实现对复杂农业结构监测数据的高效管理、分析应用和可视化表达，使农业结构遥感动态识别的业务化运行走上规范化、系统化轨道，形成一个有序、省时、省力的流程。数据查询系统是一个 B/S 系统，能够管理用户权限和查看信息采集进度。

（2）系统功能

地图显示：实现对于在线地图、离线地图的加载，能够显示矢量地图和影像地图等，并实现基本的放大、缩小、POI 查询等功能。

空间定位：提供 GPS 定位、网络定位、其他常见定位等多方式定位服务。

信息采集：对农业产业结构信息中的作物类型解析标志以及作物类型数据以及多媒体信息进行采集，支持作物类型的扩展，以满足不同采集模式的需求，要求能够满足点、面等空间信息以及对应属性信息的采集和编辑功能。

数据管理：对采集的信息进行查看和管理。

数据统计：对采集的各类属性采用统计图进行统计。

数据传输：将采集的信息等上传至云端服务器上的数据库，同时还可以将数据库中的数据拉回本地。

用户管理：区分用户权限，同时支持用户的注册登录功能。

2. 农业产业结构数据管理系统

农业产业结构数据管理的对象包括基础地理（地图）数据、遥感影像数据、农业产业结构数据等。数据管理系统为管理人员提供给数据多格式导入、多格式导出、多条件查询、多样式统计、数据出图、复核文档上传、数据质量检查、数据备份还原、数据转换与共享等功能，是围绕农业产业结构数据库的一套完整的、全面的数据管理系统。

（1）系统目标

将以遥感影像金字塔实现影像更新的方法为基础，实现对农业产业结构变化信息的自动提取，完成对监测数据库的自动更新。

（2）系统功能

农业产业结构数据管理系统功能主要包括数据检查、数据查询、数据显示、数据统计等。

数据检查：对采集上来的农业产业结构数据进行检查。

数据查询：按照不同的筛选条件对数据库中数据进行查询。

数据显示：展示已经采集到的农业产业结构信息，包括空间可视化和属性可视化，能够支持多媒体数据展示。

数据统计：将采集的农业产业结构信息按照需求进行统计。

数据更新：能够根据需求实时更新数据库中的数据，并支持多种导入方式。

数据导出：能够根据用户的需要，以不同的格式进行数据的导出。

数据备份：每天特定时间对数据库信息进行备份，防止数据丢失。

数据恢复：恢复损毁的数据。

针对外业人员使用的外业信息采集系统和内业人员使用的数据管理系统之间的数据协同问题，项目研发内外业协同系统来满足内业人员数据拉取、数据上传的需要。内外业协同系统主要为内业人员提供复核图斑上传、复核图斑删除、外业监测对象统计、统计信息发送、外业数据查询及导出等功能。

3. 农业产业结构一张图系统

农业产业结构一张图系统是对农业产业结构电子地图进行显示和信息查询的网络地图系统，是一个以地图为基础、集数据集成展示、数据查询、统计分析、数据共享于一体的农业产业地理信息数据展示平台。该系统采用网络技术、空间数据库技术、电子地图技术、遥感与大数据分布式集群技术等研发，包括桌面网络端和移动端两个软件系统，移动版本基于 Android 系统，增加了移动定位等功能能够满足对农业产业结构大数据的实时可视化、空间聚类、信息语义模糊查询、统计图表生成、地图打印、分类查询、全景图展示与管理、信息展示等功能，是地理信息系统在特色农业上的应用。

（1）系统目标

构建农业产业结构评价的相关指标和评价体系，分析贵州省及坝区农业产业结构及其变化，研制产业分布、产业构成、发展趋势、产业规划、土地利用、地理资源等专题的纸质版农业产业结构地图集。

（2）系统功能

地图显示：实现对于在线地图、离线地图的加载，能够显示矢量地图和影像地图等，并实现基本的放大、缩小、POI 查询等功能。

农业产业结构统计图显示：通过统计图表分别统计数据库中的

重要属性字段，并支持与地图结合的多种专题统计图展示。

农业产业结构信息查询展示：针对农业产业结构信息，进行全面全局查询，并支持空间聚合，多媒体展示等。

空间定位：移动端一张图系统需要提供 GPS 定位、网络定位、其他常见定位等多方式定位服务。

用户管理：对用户分权限进行管理，并根据权限限制用户浏览分析的数据。

系统设置：能够对系统中的一些参数进行设置，如公告栏，日志管理等。

4.农业产业结构信息监测与分析平台

农业产业结构信息监测与分析平台面向决策人员，负责对农业产业结构设计图、数据及信息网络发布与农业产业结构数据的更新监测、信息查询、地图展示、格局分析、趋势预测等。系统采用网络、空间数据库、电子地图、遥感等技术研发，包括桌面网络端和移动端两个软件系统。

（1）系统目标

为面向相关部门及领导提供农业产业结构的一手信息以支持规划和决策，为管理人员管理基础信息、进行统计分析与可视化提供便利。为面向公众进行监测成果展示和公开提供数据和系统支撑。

（2）系统功能

农业产业结构信息监测与分析平台主要有信息处理、信息发布、地图展示、信息查询、信息展示、统计分析、更新监测、变化分析、多时序影像农业产业结构分布对比、数据管理等功能。

地图显示：实现对于在线地图、离线地图的加载，能够显示矢量地图和影像地图等，并实现基本的放大、缩小、POI 查询等功能。

信息查询：针对数据库中的农业产业结构信息进行全局全面查询。

信息显示：展示农业产业结构相关信息，同时支持空间聚合显示，空间属性联动显示等。

统计分析：对农业产业结构信息以图表、表格的形式进行统计；实现一些分析模型，并集成至系统中，以达到实时分析的效果。

空间定位：移动端监测与分析平台需提供 GPS 定位、网络定位、其他常见定位等多方式定位服务。

更新监测：对多时态数据的更新如何进行动态数据变化监测，以可视化方式展现数据变化前后的差别，为用户提供辅助决策信息。

据统计，农业产业结构调整遥感项目外业信息采集系统的用户量达 4 万人，APP 下载人数达 6.5 万人次，采集农业及畜牧业样本或图斑约 58.5 万个，多媒体数量超过 180 万个，采集属性字段容量达 4Gb，采集多媒体空间约 40Tb，相对于传统采集模式而言，提高近 80% 的数据生成效率，极大缩短了数据获取与数据整理的效率。

在技术创新方面采用了前后端先进框架体系（SpringBoot、Vue.js、Shiro、MVP）保障系统的运行安全稳定；使用了大数据分布式计算框架、搜索引擎（Hadoop、ElasticSearch）保障数据实时准确查询统计；研发了基于类属性的外业信息采集 APP 动态页面生成技术，以及插件式桌面端系统框架，实现功能模块动态伸缩。在管理创新方面实现了大型数据库支持下的农业产业结构数据的精准采集、更新、处理与综合管理的一体化；研究了多源数据集成与融合方法，设计了统一的农业产业结构数据与结构体系；建立了集农业产业结构的数据集成、采集、生产、管理与应用分析于一体的技术流程和机制，提高了数据生产与管理的水平和效率；软件平台创新了农业产业结构信息监测的工作模式，推进了项目精准化控制与管理。在应用创新方面，项目提供了监测成果的高效整理、分析、管理与维护，为辅助决策提供了技术和数据支持，促进了测绘地理信息事业的发展，使测绘手段向专业化、大众化、实时化发展，推动了精准脱贫和农业产业化建设的进程。

四、坝区农田生产潜力预测系统

（一）平台建设背景

坝区农田生产潜力模拟系统由贵州大学新农村发展研究院搭建，主要目标是利用作物生长模型模拟坝区光温生产潜力，利用Python语言构建了网格化坝区作物生长模型，实现了基于空间格网数据的坝区光温生产潜力模拟。平台既能实现区域、园区、田块等不同尺度的农业信息的模拟、预测及精确管理，又能实现对作物生长相关的信息采集、管理、分析、建模、预测和安全评估。

（二）系统架构

坝区农田生产潜力模拟系统基于空间作物生长模型、空间农业管理知识模型和农田—作物系统模型，设计构建农田安全生产空间信息分析平台，管理农田生产资料、气象资料、土壤养分、技术措施，并提供辅助决策支持。

以农田数据资料"输入—管理—分析—输出—应用"为主线。首先，对农田空间信息进行智能采集、空间数据预处理；其次，结合地理信息系统软件开发技术实现对基础地理数据管理；再次，耦合空间分析方法和农业模型实现坝区农田安全生产空间信息分析；最后，对所有功能模块进行整合，集成开发坝区农田安全生产智慧管理平台并应用于生产实践。坝区农田安全生产智慧管理平台架构分为基础设施层、数据资源层、软件构件层、核心功能层和用户终端层。

基础设施层：基础设施层指系统平台的软硬件运行环境，包含服务器操作系统、数据库软件、服务器设备、稻田传感器等软硬件和网络设备等内容。

数据资源层：数据资源层包含数据的存储和处理分析。系统平台采用开源 GIS 空间数据库对稻田空间数据和其他地理信息数据进行存储和管理，并且存储和管理稻田物联网传感器节点数据。

软件构件层：坝区农田安全生产管理系统采取模块式开发，包含通用模块、GIS 模块、数据管理模块、农业模型模块。农业模型模块是指通过农业模型学知识设计构建作物生长长势等模块。

核心功能层：核心功能层包含地图的基本操作、数据管理、区域预测、方案设计、安全预警等，未来也可根据研究需要进行扩展。

用户终端层：系统平台采用 B/S 模式，使用 Web 端具有跨平台，用户使用便捷，管理维护人员升级维护方便等优点。同时系统中也有对坝区农田环境及作物长势情况等信息数据进行实时大屏展示。

五个层次在逻辑上既相互独立又相互支撑，共同解决坝区安全生产智慧管理平台所面临的问题。

（三）主要功能

根据格网化作物生长模拟系统的应用目的及操作方式，实现以下功能。

数据管理：实现模型运行所需空间数据及其他数据的导入、导出、删除更新等操作。

传感器监测功能：系统每 5 分钟向传感器获取监测数据，在传感器管理服务和数据库服务的支持下，数据服务功能对获取的数据进行数据接收、数据验证和异常值处理等环节，再将其数据结构化后存储到数据库。传感器页面的功能主要有，实时监测数据图表显示、添加传感器、传感器信息编辑和监测历史数据查询等功能。

点位监测信息管理功能：系统接收用户上传的点位数据，在数据服务的支持下，系统先对点位数据进行数据合理性验证，再按相关标准进行数据评价，然后再对数据进行结构化后存储于数据库。

统计分析：结合区划数据，利用分区统计对区域模拟结果均值、标准差以及年际间变化进行作图分析。

（四）空间数据库设计

1.空间数据库类型组织

综合参考国内外相关农业信息系统数据库设计经验和技术水平的基础上，构建数据多样、性能强大、兼容性强的坝区农田空间信息数据库。空间数据库采用矢量数据和栅格数据一体化的存储方式。矢量数据主要包括行政区划、农田区域、自然区划、气象站点、田块样点等数据；栅格数据主要包括土壤数据集、气象数据集、品种属性数据集和栽培措施数据集。

2.空间数据库组织

坝区农田安全生产平台是一个综合性系统，其数据结构复杂，数据来源类别不同，格式多样。数据库属性表设计见表13。

表 13　数据库属性表设计

类别	指标	数据类型
基础地理数据	行政区	shp 矢量数据
	农田分布数据	shp 矢量数据
	DEM	栅格文件
	卫星影像	栅格文件
气象数据	大气温度	数值
	大气湿度	数值
	太阳辐射强度	数值
	紫外线强度	数值
	负氧离子量	数值
	二氧化碳量	数值
	氧气量	数值

续表

类别	指标	数据类型
	蒸发量	数值
	降雨量	数值
	风速	数值
	风向	数值
土壤数据	耕层厚度（cm）	数值
	物理性粘粒含量	数值
	容重	数值
	凋萎系数	数值
	有机质含量	数值
	镉含量	数值
	汞含量	数值
	砷含量	数值
	铅含量	数值
	铬含量	数值
	土壤 pH	数值
	土壤温度	数值
	土壤湿度	数值
	土壤电导率	数值
	土壤氮含量	数值
	土壤磷含量	数值
	土壤钾含量	数值

类别	指标	数据类型
作物长势数据	日期	日期
	株高	数值
	株型	数值
农田管理数据	日期	日期
	施肥用量	数值
	施肥品牌	文本
	农药用量	数值
	农药品牌	文本
	灌溉量	数值
用户数据	用户信息	文本
	用户权限信息	文本

基础地理数据：主要包含行政区、坝区农田分布数据、DEM（数字高层）模型、卫星影像资料等空间地理信息数据。

气象资料数据：通过小型农业气象传感器，每隔半小时记录一次天气信息，包含信息有日照时数、最低气温、最高气温、太阳辐射强度、降雨量、大于 0℃积温、大于 10℃积温、湿度等。

土壤数据：指土壤的基本理化性质及不同深度土层的养分含量等，一般包括耕层厚度、物理性粘粒含量、容重、凋萎系数、有机质、重金属含量（镉、汞、砷、铅、铬）。土壤传感器每隔半小时记录一次土壤墒情，包含的信息有土壤的温度、土壤湿度、土壤 pH、土壤氮含量、土壤磷含量等。

作物长势数据：主要包括作物生长周期记录表，包括作物各时期的株高、株型等。

农田管理数据：包括作物种植管理的措施、日期等资料，如记录施肥用量、施肥品牌、农药用量及农药品牌、灌溉量等。

五、气象大数据打破坝区"靠天吃饭"困境

长期以来，传统农业生产活动"靠天吃饭"，存在极大的被动性和盲目性。贵州省气象局立足部门技术优势和气候资源，打破传统"靠天吃饭"困境，针对全省500亩以上坝区产业调整开展特色产业区划论证，首先提取500亩以上坝区近30年的气象数据及重大农业气象灾害发生频率，通过GIS平台和气候模型，针对坝区的农业气候资源和气象灾害类型进行精细化分析，为9个市州制作农业气象服务手册。同时，围绕十二大特色产业，选取与气象密切相关的农产品开展气候区划论证和引种气候可行性论证，为政府和农业部门开展产业结构调整提供科学依据。此外，为解决品种繁多的农业作物气象服务指标问题，贵州省气象局在重点坝区建设68个农田小气候观测站，开展特色蔬菜、食用菌、中药材、水果、茶叶等优势产业农业气象观测试验，构建100个样本坝区和500个达标坝区位置及种植对象信息数据库，为开展全省优势产业农业气象服务打下基础。

基于气象大数据开展专业化农业技术服务，不仅能提升气象服务效益，也能保障坝区产业顺利进行。贵州省气象局建立起以农情

提醒、贵州农业气象 APP、微信小程序为主的多通道服务手段，向坝区龙头企业、专业合作社负责人、种植大户及农技人员及时开展重点优势产业的全生育期气象服务。

2019 年，贵州省气象局制作发布精细到县的农用天气预报和农情提醒产品信息 300 余期，通过农信通发布农用天气预报和农情提醒 12 万余条，市县两级气象部门通过"贵州农业气象"APP 对 7 万余户新型农业经营主体开展直通式农业气象服务。同时，省气象局还与省农业农村厅、保险公司合作，在遵义市开展了辣椒气象指数保险试点，并将从 2020 年起逐步将天气指数保险范围延伸到蔬菜、水果等重点特色产业。

在面对贵州冰雹、干旱等气象灾害频发的现状时，贵州省气象局创新性构建人工防雹增雨保护体系。2019 年，全省人工影响天气部门将 600 个坝区所在县全部纳入作业保护范围。共实施地面作业 2782 次，作业面积达 3.5 万平方公里，防雹有效率达 90% 以上，坝区内未发生重大冰雹灾害。

六、遥感大数据助力坝区土地信息化管理

根据贵州省自然资源厅安排，贵州省第三测绘院利用第一次全国地理国情普查成果等资料，运用测绘地理信息技术手段完成了全省坝区的遥感统计。首次准确掌握和摸清全省坝区土地利用现状及农业基础设施、社会经济等基本情况；首次将调查数据与遥感影像结合，实现了坝区土地二维、三维的数据展示，直观反映大坝地理

位置、所辖区域、面积、社会经济基本情况、土地种植基本情况等属性信息。实现了坝区土地信息化管理，贵州省委省政府根据坝区成果安排农业部门编制"一坝一策"，扎实推进坝区土地农业结构调整、决战脱贫攻坚、推动乡村振兴。

参考文献

［1］王晓颖.贵州省土地利用现状分析［J］.大科技，2020(19):142.

［2］吴明建.改革创新激发贵州农村活力动力2020年农林牧渔业对全省经济增长贡献率超20%［EB/OL］.贵州农经网，2021-05-31.

［3］邓小坤.2019年贵州省农业农村概况［EB/OL］.贵州省农业农村厅，2020-02-27.

［4］张婷.一坝一策促贵州坝区农业提质增效［N］.农民日报，2018-09-25.

［5］张余，杨军.500亩以上坝区——贵州特色农业的聚宝盆［N］.中国日报网.2019-10-17.

［6］罗亮亮.推动500亩以上坝区农业高效发展——访省农业农村厅党组成员、副厅长步涛［J］.当代贵州，2019，000(010):50-51.

［7］田斌.浅谈贵州推进500亩以上坝区农业产业结构调整［J］.新农民，2020(15):15-15.

［8］马红梅."调"出发展好"黔"景——贵州推进500亩以上坝区农业产业结构调整观察［J］.当代贵州，2018(45):26-27.

［9］李玉红，赵勇军，罗石香，刘小明.将坝区建成农村产业革命

的样板田［N］.贵州日报，2019-03-18.

［10］肖锐.打好坝区产业结构调整组合拳［J］.当代贵州，2020(18):54-55.

［11］黄兴文.纵深推进坝区农业产业结构调整将农村产业革命进行到底［N］.遵义日报，2020-03-10.

［12］李薛霏，胡国平，周琪珂.加快农业现代化推动农业高质量发展 为在乡村振兴上开新局提供有力支撑［N］.贵州日报，2021-05-12.

［13］周恩宇，何腾兵.促进坝区农业高质量绿色发展［N］.贵州日报，2020-04-22.

［14］何腾兵.决战决胜脱贫攻坚实施乡村振兴战略［N］.贵州日报，2020-02-15.

［15］刘莹.打造农村产业革命示范田——贵州500亩以上坝区产业结构调整成效斐然［N］.贵州日报，2019-10-08.

［16］周欢，刘洪.贵州省山地高效农业发展现状分析及对策建议［J］.农场经济管理，2018 No.269(08):38-42.

［17］张力博，李大欣.龙头企业创新模式推动生态循环农业健康发展［N］.黔西南日报，2018-08-21.

［18］金凤.秋后坝区传捷报，兴义十里坪坝区:可复制的山地循环生态农业发展模式［EB/OL］.多彩贵州网，2019-11-21.

［19］任姝雯."猪—沼—菜—猪"生态模式 推动山地循环农业发展［N］.黔西南日报，2019-01-08.

［20］王霞，戴仙羚，段志虎等.十里坪坝区:复工复产农事忙［N］.

黔西南日报，2020-03-11.

[21] 刘悦.深耕"八要素"贵州：农村产业革命向纵深推进［J］.
当代贵州，2018(24):6-9.

[22] 江兴勇.以落实"八要素"为主要方法路径，纵深推进农村
产业革命［N］.黔西南日报，2020-09-27.

[23] 姜贵，李志浪.围绕大数据应用发展智慧农业——四论"坚
定不移把农村产业革命向纵深推进"［N］.贵州日报，2019-
03-08.

[24] 赖盈盈.贵州"大数据＋农业"体系初步形成下一步将大力
提升农业信息化应用服务的深度和广度［N］.贵州日报，
2018-06-25.

[25] 曾帅，陈慧图.催生乡村振兴新动能激发新活力——贵州加
快大数据与乡村振兴融合［J］.当代贵州，2019(20):24-25.

[26] 陈思静，刘国强.被动变主动激活产业升级潜力—贵州气象
大数据助推500亩以上坝区产业结构调整［N］.中国气象报，
2020-02-21.

[27] 叶玮，王红雷.贵州：测绘地理信息技术助力脱贫攻坚［J］.
中国测绘，2020(04):11-15.

[28] 焦玉石，郑钦.贵州坝区农业产业结构调整风险与对策［J］.
理论与当代，2019(11):32-34.

[29] 张红宇.强势农业需要新型经营主体支撑［J］.农村经营管理，
2016，11:1.

[30] 路小昆.让农民成为农业产业化的经营主体［J］.农村工作通

讯，2012，5:54–56.

［31］郑风田，张璟，乔慧等.我国新型经营主体发展现状、问题与对策——来自山东省496个调查样本分析［J］.农业经济与管理，2016，1:28–35.

［32］黄祖辉，俞宁.新型农业经营主体：现状、约束与发展思路—以浙江省为例的分析［J］.中国农村经济，2010，10:16–26.

［33］应海芬.新型农业经营主体产业化发展的困境与对策研究[J].农业经济，2019，3:62–64.

［34］王文俊.新型农业经营主体的发展实践与机制构建研究［J］.陕西行政学院学报，2017(4):5–10.

［35］吴进，程静思，谢棹骏等.产业融合视角下：新型农业经营主体与农村沼气融合发展动力机制研究［J］.中国沼气，2016(34):94–98.

［36］吴雨,栾小琳.贵州500亩以上坝区产业结构调整成效斐然[N].贵州日报，2019–10–08.

［37］伍水清，陈婷婷.在希望的田野上——安顺市500亩以上坝区产业结构调整见成效［N］.安顺日报，2019–10–22.

［38］申逸恺.目前，铜仁共有500亩以上坝区经营主体706家［EB/OL］.铜仁市人民政府网.2019–08–11.

［39］州农业农村局关于政协黔南州十二届五次会议第3号提案的答复［EB/OL］.州农业农村局，2021–01–04.

［40］李永红.关于州政协八届五次会议委员A16号提案的答复[EB/OL］.黔西南州农业农村局，2020–06–29.

［41］黄兴文.贵州遵义仁怀：纵深推进坝区农业产业结构调整，将农村产业革命进行到底.中国农业信息网［EB/OL］，2020-03-12.

［42］袁明，田甜.贵州松桃："六个抓好"推动坝区产业发展［EB/OL］.人民网，2020-03-30.

［43］贵定县"六个聚焦"全力推进农村产业革命［EB/OL］.贵定县人民政府网，2020-9-21.

［44］穷则思变：新型农业经营主体成就塘约村美丽嬗变.搜狐网［EB/OL］，2017-7-3.

［45］高原.贵州遵义播州区团结村"四个加强"兴产业［EB/OL］.乡村干部报网，2020-05-07.

［46］李福夺，杨鹏，尹昌斌.我国农业绿色发展的基本理论与研究展望［J］.中国农业资源与区划，2020，41(10): 6-12.

［47］尤立宪.黔西南州推进农业产业与乡村振兴融合发展路径研究［C］.黔西南党校论坛，2018，64（4）: 35-40.

［48］姜长云.新时代创新完善农户利益联结机制研究［J］.社会科学战线，2019(7): 44-53.

［49］周庆元.构建新型农业经营体系的动力机制与协同路径［J］.内蒙古社会科学，2020，41(3): 155-161.

［50］焦玉石，郑钦.贵州坝区农业产业结构调整风险与对策［J］.理论与当代，2019，427(11): 36-38.

［51］刘颖.关岭县坝区农业产业结构调整调研报告［J］.理论与当代，2020，8: 2.

［52］周庆元. 构建新型农业经营体系的动力机制与协同路径［J］.
内蒙古社会科学，2020，41(3): 155–161.

［53］焦玉石，郑钦. 贵州坝区农业产业结构调整风险与对策［J］.
理论与当代，2019，427(11): 36–38.

［54］洪伟民. 充分发挥农业产业化龙头企业在乡村产业振兴中的
作用［J］.海洋与渔业，2020(12):76–78.

［55］马红梅. 龙头企业挑大梁［J］.当代关注，2020(12):26–27.

［56］王湘萍. 乡村振兴与培育和壮大农业龙头企业发展［J］.区域
经济，2021:74–75.

［57］肖焰，谢雅鸿. 农业产业化龙头企业社会责任研究评述与
展望［J］.西安石油大学学报（社会科学版），2020，
30(1):45–51.

［58］杨群义. 发挥龙头组织引领作用推动农业高质量发展［J］.经
济研究，2020:17–19.

［59］吴京宇. 科技支撑农村三产融合发展研究［D］.长沙理工大学，
2018.

［60］农业农村部印发《2020 年农业农村科教环能工作要点》［J］.
中国农技推广，2020，36(03):66–68.

［61］刘畅. 中共中央关于制定国民经济和社会发展第十四个五年
规划和二〇三五年远景目标的建议［EB/OL］.新华社，2020–
11–03.

［62］赖盈盈. 贵州省坝区农业产业结构调整工作推进会召开［N］.
贵州日报，2020–01–07.

［63］赵勇军.“全链条”融合激发坝区产业龙腾虎跃［N］.贵州日报,
　　　2019-10-13.

［64］中共中央办公厅 国务院办公厅印发《关于加快构建政策体
　　　系培育新型农业经营主体的意见》［J］.上海农村经济,
　　　2017(06): 35-38.

［65］农业部发展改革委财政部国土资源部人民银行税务总局关于
　　　促进农业产业化联合体发展的指导意见［J］.中华人民共和
　　　国国务院公报, 2018(09):54-58.

［66］省人民政府办公厅关于进一步支持返乡下乡人员创业创新促
　　　进农村一二三产业融合发展的实施意见［J］.贵州省人民政
　　　府公报, 2017(13):17-19+67.

［67］罗彬月.铜仁市“全链条式”产业融合发展助力坝区经济做
　　　大做强.铜仁日报, 2019-10-15.

［68］农业农村部办公厅关于国家农业科技创新联盟建设的指导意
　　　见［J］.中华人民共和国农业农村部公报, 2020(07):21-25.

［69］省人民政府关于印发贵州省实施“万企融合”大行动打好
　　　“数字经济”攻坚战方案的通知［J］.贵州省人民政府公报,
　　　2018(05):25-37+24.

［70］罗曦.贵州省农业农村厅关于印发《贵州省现代农业产业技
　　　术体系2021年工作要点》的通知［EB/OL］.贵州农经网,
　　　2021-06-16.

［71］张周虎.探索“五连模式” 打造“股份农业”——水城县

扎实推进山地特色现代农业产业〔J〕.当代贵州，2016(47):
58-59.

〔72〕高海.土地股份合作社的定位与未来发展〔J〕.中国农民合作
社，2016(03):30.

〔73〕白兰，王秀峰.贵州省村级集体经济组织形式研究〔J〕.合作
经济与科技，2015(05):24-26.

〔74〕阮世玲.稻渔综合种养模式及其在广东的发展〔J〕.海洋与
渔业，2019(08):20-23.

〔75〕唐露.重要传统农业贵州从江稻鱼鸭系统的水稻遗传多样性
[D].浙江大学，2018.

〔76〕李冬雪，宋星陈，熊玉唐等.西南山区稻蛙复合种养的研究
与实践〔J〕.农学学报，2018,8(12): 6-12.

〔77〕杨勇.稻渔共作生态特征与安全优质高效生产技术研究 [D].
扬州大学，2004.

〔78〕彭富海，江松，张发丽等.贵州山地稻鱼共养循环生态农业
体系模式探索〔J〕.耕作与栽培，2019, (01):46-48+51.

〔79〕高海.土地股份合作社的定位与未来发展〔J〕.中国农民合作
社，2016(03):30.

〔80〕黄兴文.纵深推进坝区农业产业结构调整将农村产业革命进
行到底〔N〕.遵义日报，2020-03-10.

〔81〕张荣敏."贵州基层治理的市州实践巡礼·铜仁篇之三"坝区
引领农业高质量发展〔EB/OL〕.多彩贵州网，2019-12-30.

［82］何欣.秋后坝区传捷报贵阳：打造农村产业革命示范田［N］.贵州日报，2019-10-21.

［83］邓钺洁."天眼头条"秋后坝区传捷报新型农业社会化服务体系为坝区赋能［N］.贵州日报，2019-10-12.

［84］"春晖使者"张天荣：外出经商回乡创业　产销精准带富乡邻［N］.贵州日报，2019-06-13.

［85］陈泽赟."秋后坝区传捷报"普定新中田坝韭黄基地：打造绿色高产高效示范基地，提升韭黄产业发展水平［EB/OL］.多彩贵州网，2019-10-13.

［86］郭芳霞."秋后坝区传捷报"榕江县忠诚坝区：蔬菜种植规模化村民增收乐开怀［N］.贵州日报，2019-11-14.

［87］白兰，王秀峰.贵州省村级集体经济组织形式研究［J］.合作经济与科技，2015(05):24-26.

［88］杨朝正.凯里开怀街道实施"N+"模式壮大村集体经济［EB/OL］.多彩贵州网，2018-11-21.

［89］刘苏颉.坝区带山区　带出大产业　赤水市紧扣"十百千万"特色主导产业　践行差异化发展［N］.贵州日报，2020-04-15.

［90］黄丹."黔货出山.风行天下"银盏镇新华村：订单农业"签"出产业好发展［EB/OL］.瓮安县人民政府网，2020-10-14.

［91］福泉陆坪：订单模式给发展辣椒种植农户吃下"定心丸"［N］.贵州日报，2020-04-16.

后　记

　　坝区是贵州省最宝贵的农业资源，是打赢脱贫攻坚战、实现农村全面小康的重要支撑，是推动农村产业革命和乡村振兴的突破口，已成为农业产业结构调整的示范田、乡村产业振兴的增长极和农业现代化的先行区。推进坝区农业产业结构调整是贵州省委、省政府作出的重大决策部署，是巩固提升脱贫攻坚，有效衔接乡村振兴，促进农业现代化的重要抓手。

　　本书着力从推动坝区完善设施、集聚要素、融合产业、绿色发展等角度，探索大幅提升坝区土地产出率和增收贡献率的有效路径。重点集成了贵州大学新农村发展研究院众多学科的最新科研成果，重点针对贵州坝区建设和农业产业结构调整工作实际与工作成效，采取"理论篇"+"实践篇"的架构。理论篇重在从农业产业理论研究的角度，探讨坝区农业的基础理论、路径选择、范式研究，深层次梳理坝区农业的内在逻辑，凸显坝区农业在贵州农村产业革命中的重要地位。实践篇以坝区农业所在的代表性市州产业案例、报告为蓝本，概括坝区农业的典型做法、典型经验及创新方法。

　　本书坚持理论与实践相结合，有很强的可操作性和适用性，可作为贵州坝区及类似地区科研教学单位，农业农村、自然资源、生态环境等相关政府职能部门，农业专业技术人员、农业合作社、农业企业、现代农业园区及种植大户的参考书。

本书第一章由何腾兵、高珍冉编写，第二章由高珍冉、张旺编写，第三章由吴文旋、成剑波、赵庆霞、田光亮、李相楹、文吉昌、付天岭编写，第四章由吴文旋、张明生、高珍冉、张涛、何冠谛编写，高珍冉统稿，主审何腾兵、吴文旋。限于编者的学识水平有限，加之时间仓促，书中不妥和错误之处实属难免，敬请广大读者批评指正！

编　者
2021 年 9 月